Norman Bethune

노먼 베쑨

중국 베쑨 정신 연구회 편

허유영 역

그린씨

옮긴이 허유영

한국외국어대학교 중국어과와 같은 학교 통번역대학원 한중과를 졸업하고, 현재 전문 번역가로
활동하고 있다. 지은 책으로『가장 쉽게 쓰는 중국어 일기장』이 있고, 옮긴 책으로『신해혁명』,
『루쉰의 말』,『중국역사대장정』,『기업의 시대』,『5천 년 돈의 전쟁』,『저우언라이 평전』등 90여
권이 있다.

Norman Bethune

Copyright © 2015, Chinese Bethune Spirit Research Association

All Photo data of Chinese Edition was provided by Centre Internationaliste Ryerson Fondation
Aubin, Bill Smith.

All rights reserved.

Korean translation copyright © 2017, GrimmSí

Korean translation rights arranged with China Fine Arts Publishing Group Co., Ltd. through Imprima
Korea.

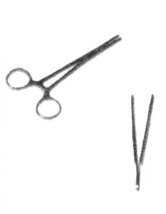

노먼 베쑨

초판 1쇄 인쇄 2017년 10월 1일
초판 1쇄 발행 2017년 10월 10일

엮은이 중국 베쑨 정신 연구회
옮긴이 허유영
펴낸이 김연희
주 간 박세경
편 집 서미석

펴 낸 곳 그림씨
출판등록 2016년 10월 25일(제2016-000336호)
주   소 서울시 마포구 월드컵북로 400 문화콘텐츠센터 5층 23호
전   화 (02)3153-1344
팩   스 (02)3153-2903
이 메 일 grimmsi@hanmail.net

ISBN 979-11-960678-2-3 03990
값 35,000원

이 도서의 국립중앙도서관 출판예정도서목록(CIP)은 서지정보유통지원시스템
홈페이지(http://seoji.nl.go.kr)와 국가자료공동목록시스템(http://www.nl.go.kr/kolisnet)에서
이용하실 수 있습니다.(CIP제어번호: CIP2017019315)

차례

최근 새롭게 발견한 소중한 이 사진은 현재 남아 있는 사진 중 유일하게 마오쩌둥毛澤東과 베쑨이 함께 찍은 것이다. 1938년 옌안延安에서 촬영됐다.

사진 제공자는 베쑨의 친구 릴리안Lillian의 아들인 빌 스미스Bill Smith.

배쑨의
숭고한 정신과
기개

2015년 5월
천주陳竺

현 중화 인민 공화국 전국 인
민 대표 대회 상무 위원회 부
위원장, 중국 농공 민주당 중
앙위원회 주석, 중국 배쑨 정
신 연구회 명예회장

2015년은 중국의 중일전쟁 및 제2차 세계대전 승리 70주년이 되는 해이다. 이
런 특별한 해에 헨리 노먼 배쑨Henry Norman Bethune의 파란만장한 생애를 기
리는 사진집을 출간해 위대한 전사를 기리는 것은 역사적인 의의가 크다.

배쑨의 일생은 위대했다. 그는 민족 해방을 위해 투쟁하는 중국인을 위해 자
신을 바쳤다. 1930년대 말, 북미의 유명한 흉부외과 전문가였던 그는 우수한
환경과 안락한 생활을 포기하고 중국인들의 항일투쟁을 돕기 위해 중국으로 건
너왔다. 그 후 2년간 그는 중국인들의 해방을 위해 헌신하다가 소중한 생명을
바치고 순직했다. 마오쩌둥이 배쑨의 국제주의 정신을 높이 평가한 후, 배쑨이
라는 이름이 중국인 마음속에 더욱 깊숙이 각인되었다.

배쑨은 중일전쟁에서 중국 측으로 처음 참전한 외국인 의사로 중일전쟁 당
시 국제 사회의 중국 지원에 선구적인 역할을 했다. 그의 호소와 솔선수범으로
국제 사회의 의식 있는 인사들이 속속 중국으로 들어왔으며 인도인 드와르카나
드 코트니스Dwarkanath Kotnis, 오스트리아인 로젠펠트Rosenfeld 등 우수한 의
사들이 중국의 항전 지원에 나섰다. 배쑨은 후방에서 부상자를 치료하는 데 그
치지 않고 생명의 위험을 무릅쓰고 전선에서 부상자를 구하고 수술하며 수많은

병사의 생명을 살렸다.

그는 전선에 적합한 의료 기술을 발명하기도 했다. 게릴라전의 상황에 맞추어 치료법을 바꾸고 의료 장비를 개조했으며 의료용품을 직접 개발하고 민간인 수혈대를 조직했다. 그는 또 팔로군八路軍의 의료 분야를 정규화하고 현대화한 개척자다. 그가 참여해 설립한 야전병원과 보건학교는 진차지晉察冀(중일전쟁 당시 중국 공산당의 근거지로 산시山西 성, 차하얼察哈爾 성, 허베이河北 성이 만나는 지역. 옮긴이) 군민軍民을 위한 의료 인력 양성에 탄탄한 기반이 되어 주었고, 그가 구축한 의료 시스템과 의학 교육 모델, 그가 배출한 의료 인력 및 의료 관리 인력들은 훗날 중국 의료 사업의 발전에 탄탄한 밑바탕이 되었다.

베쑨이 생을 마감하고 세상을 떠난 지 70년이 넘었지만, 여전히 우리 마음속에는 그가 남아 있다. 오래 전 그가 제창한 '의료 제도의 사회화'라는 선진 이념은 훗날 중국 공산당 혁명이 성공한 후에 실현되었으며 핵심적인 가치관은 오늘날의 의료 체제 개혁 방향과도 일치한다. 그는 책임감이 강한 의사로서 환자들을 열정적으로 치료했으며 의료 기술에 있어서 완벽을 추구했다. 그의 이런 정신은 오늘날 중국 의료계의 직업정신이자, 의료계 종사자라면 누구나 본받아야 하는 기본적인 원칙으로 승화되었다. 중국 의료계 종사자들은 세계 평화와 해방을 위해 모든 것을 바친 베쑨의 숭고한 정신을 귀감으로 삼아 실천하고 있다. 지난 50여 년간 중국은 전 세계 약 70개국에 의료 인력 2만 3천여 명을 파견했으며 그들이 치료한 환자도 연인원 2억 7천만 명에 달한다. 이 기간 동안 해외에 파견된 인력 중에서 60여 명이 전쟁과 질병으로 목숨을 잃기도 했다.

시진핑習近平 주석은 "그들도 베쑨처럼 타국에 안장되어 현지인들과 영원히 함께 있다"고 말했다. 베쑨의 숭고한 인격은 중국의 사회주의 정신문명 건설에도 크게 기여했다. 베쑨은 오늘날 중국의 위대한 표상이며 중국인들은 베쑨의 고상한 인격과 순수함, 도덕성을 본받아 타인을 위해 헌신하는 사람이 되고자 분투하고 있다.

높은 산은 사람들이 우러러보고 큰 길은 사람들이 따르는 법이다.

베쑨은 캐나다, 중국, 스페인만이 아니라 전 세계의 위인이다. 에이드리엔 클라크슨Adrienne Clarkson 전 캐나다 총독은 "베쑨의 일생과 그의 뜻은 이미 국경을 초월했다. 그의 정신은 국제주의를 넘어 우주만큼 넓은 도량을 보여 주었다. 오늘날 이 우주 같은 도량을 전 세계인들이 인정하고 있다"고 말했다. 나도 이 말에 전적으로 동의한다. 베쑨의 멸사봉공의 희생정신과 열정적인 봉사정신, 끊임없이 탐구하는 창의적인 정신이 오늘날 보편적인 가치로서 수많은 민족과 국가, 인종, 계층에 걸쳐 폭넓게 인정받고 있다.

옛말에 "난초는 가을이 되어도 향기가 사그라지지 않고, 설령 죽어도 의로운 기개는 향기롭구나"라고 했다.

베쑨 정신의 불꽃을 길이 전하고 더 활활 타오르게 하여 세상에 새롭게 이바지하기를 바라는 뜻에서 이 사진집을 출간한다. 베쑨과 그의 위대한 정신이 인류 문명이 더욱 진보하게 할 것임을 굳게 믿는다!

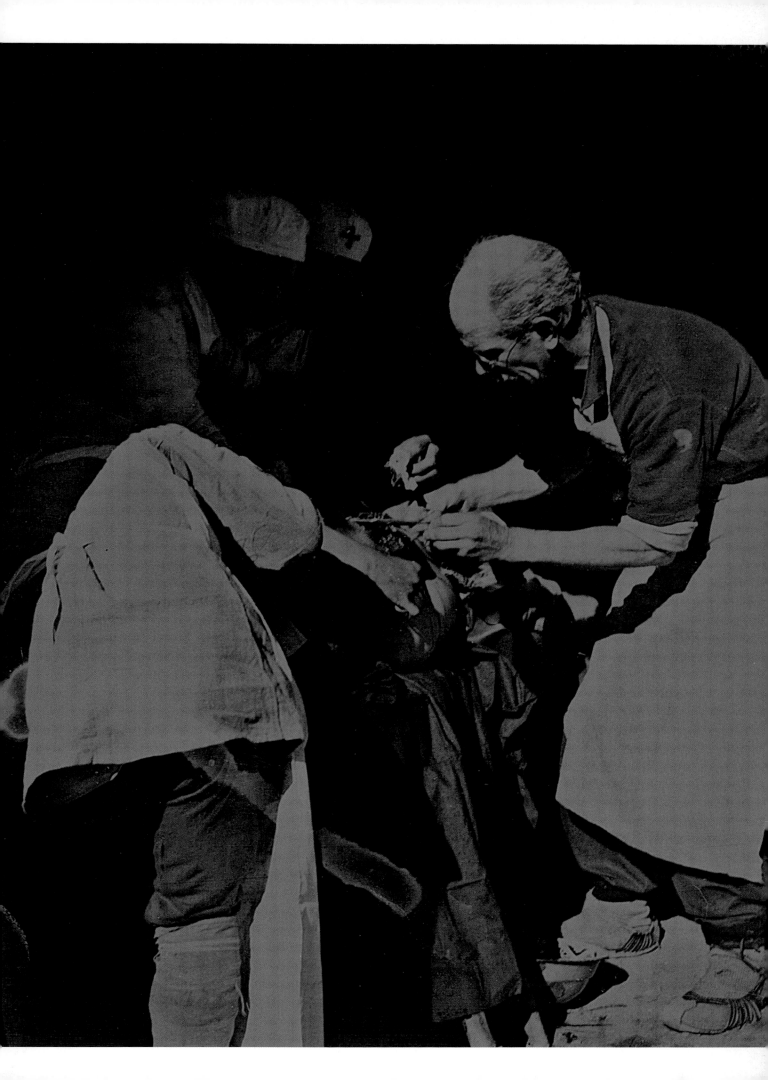

베쑨을
기리며

1939년 12월 21일
마오쩌둥

베쑨 동지는 캐나다 공산당원이다. 캐나다 공산당과 미국 공산당은 중국의 중일전쟁을 지원하기 위해 50세가 넘은 그를 머나먼 중국 땅으로 파견했다. 그는 1938년 봄 옌안에 도착해 근무를 시작했고 훗날 우타이산五臺山에서 순직했다. 그는 외국인이지만 자신을 모두 버리고 중국 인민의 해방 사업에 모든 것을 바쳤다. 이것을 가능하게 한 정신은 무엇일까? 바로 국제주의 정신이자 공산주의 정신이다. 레닌주의에서는 자본주의 국가의 프롤레타리아는 식민지와 반식민지 인민들의 해방투쟁을 옹호하고, 식민지와 반식민지의 프롤레타리아는 자본주의 국가 프롤레타리아의 해방투쟁을 옹호해야만 세계의 혁명이 승리할 수 있다고 했다. 베쑨 동지는 이 레닌주의 노선을 실천했다. 우리 중국 공산당원들도 이 노선을 실천해야 한다. 우리는 모든 자본주의 국가의 프롤레타리아와 연합해야 한다. 일본, 영국, 미국, 독일, 이탈리아 그리고 모든 자본주의 국가의 프롤레타리아와 연합해야만 제국주의를 무너뜨리고 우리 민족과 인민, 더 나아가 세계 민족과 인민을 해방시킬 수 있다. 이것이 바로 우리의 국제주의, 즉 우리가 협의의 민족주의와 협의의 애국주의에 반기를 들며 내세우는 국제주의다.

베쑨 동지의 이타적인 정신은 일에 대한 극단적인 책임감과 동지와 인민에

대한 극단적인 열정으로 표현되었다. 모든 공산당원이 그를 본받아야 한다. 책임감이 없고 어려운 일은 피하고 쉬운 일만 골라서 하며 무거운 짐은 남에게 미루고 가벼운 짐만 지려는 사람들이 많다. 그들은 어떤 일이 닥치면 먼저 자신부터 생각하고 그 뒤에 타인을 생각한다. 작은 힘만 쓰고도 대단하다고 자부하며 남에게 자랑한다. 동지와 인민에게 열정이 없고 냉정하며 무관심하다. 그런 사람들은 공산당원이 아니다. 겉으로는 공산당원일지 몰라도 적어도 순수한 공산당원이라고는 할 수 없다.

전선에서 돌아온 사람들 중에 베쑨에게 감탄하지 않는 이가 없었고 그의 이타심에 감동받지 않은 이가 없었다. 진차지 군민들 가운데 닥터 베쑨에게 치료를 받았거나 그가 일하는 모습을 직접 본 이들은 모두 그에게 감동받았다. 공산당원이라면 누구나 진정한 공산주의자인 베쑨 동지의 정신을 본받아야 한다.

베쑨 동지는 의사인 동시에 아픈 사람을 고치는 전문가였으며, 의술에서도 완벽을 추구했다. 팔로군의 군의관 중 의술이 매우 뛰어난 의사였다. 그는 의지가 굳건하지 못한 사람이나 비천한 기술을 경시하며 미래가 없다고 여기는 사람들에게 매우 훌륭한 교훈이다.

　나는 베쑨 동지를 한 번밖에 만나지 못했다. 그 후 그가 내게 편지를 여러 번 보냈지만 바빠서 한 번밖에는 답신을 보내지 못했다. 그마저도 그가 받았는지 알 길이 없다. 그의 죽음 앞에서 나도 비통한 심정이다. 수많은 이들이 그를 기리는 것은 그의 정신이 많은 이들을 깊이 감동시켰기 때문이다. 우리 모두 그의 이타심을 본받고 인민을 위해 봉사하는 사람이 되어야 한다. 사람의 능력은 많을 수도 있고 적을 수도 있다. 하지만 베쑨처럼 이런 정신을 갖고 있는 사람이라면, 고상하고 순수하고 도덕적이며 저속한 것에 무관심한 사람이라면, 인민에게 이로운 사람이라 할 수 있다.

노먼 베쑨

캐나다 공산당원이자 유명한 외과의사인 노먼 베쑨은 1890년 3월 3일 캐나다 온타리오 주
그라벤허스트Gravenhurst에서 태어났다. 젊은 시절에는 공장 노동자, 신문팔이 등을 하며 많은
노동자들과 교류했다. 1936년 스페인 내전이 발발하고 독일과 이탈리아의 파시즘 정권이 스페인
반정부군을 지원해 참전하자 베쑨은 직접 전선으로 달려가 스페인 인민들을 지원했다.
1937년 중일전쟁이 발발한 후에는 캐나다 공산당과 미국 공산당의 의료지원대 책임자로
임명받아 1938년 초 중국으로 파견되었다. 같은 해 봄 옌안에 도착해 마오쩌둥을 만나 대화를
나누었고, 얼마 후 진차지 군구로 옮겨가 위생 고문으로 임명되었다. 전쟁터의 열악한 환경
속에서도 그는 중국 인민의 해방을 자신의 일처럼 여기며 진차지 군민들과 동고동락하고
어려움을 함께 견뎌 냈다. 그는 숭고한 국제주의 정신과 멸사봉공의 정신으로 중국 인민의
해방에 크게 이바지했다. 부상자를 치료하던 중 안타깝게도 감염되어 1939년 11월 12일 허베이
성 탕唐 현 황스커우黃石口 촌에서 세상을 떠났다.

소년
배쑨

헨리 노먼 베쑨Henry Norman Bethune은 1890년 3월 3일 캐나다 온타리오 주 그라벤허스트 존 스트리트John St.에서 태어났다.

베쑨의 가족은 16세기 중엽 프랑스 북부에서 스코틀랜드로 이주했으며 1770년대 초에 다시 스코틀랜드를 떠나 캐나다로 이주했다. 아버지 맬컴 니컬슨 베쑨Malcolm Nicolson Bethune은 장로회 목사였고, 어머니 엘리자베스 앤 굿윈Elizabeth Ann Goodwin은 한때 선교사였다. 할아버지 헨리 노먼 베쑨은 유명한 의사였는데, 베쑨이 의사의 길로 들어선 것은 할아버지의 영향이 컸다.

베쑨은 유년기를 그라벤허스트에서 보냈으며 1896년 온 가족이 토론토에 정착한 뒤 그곳에서 초등학교와 중학교를 졸업했다. 베쑨은 중학교 시절부터 졸업 후 2년 뒤까지 신문 배달, 식당 종업원, 여객선 종업원, 신문사 기자, 농촌 초등학교의 교사 등으로 일했다.

캐나다 온타리오 주 토론토에서 북쪽으로 약 150킬로미터 떨어진
그라벤허스트에 위치한 베쑨의 옛 집

베쑨의 아버지 맬컴 니컬슨 베쑨(1857~1932)과
어머니 엘리자베스 앤 굿윈(1852~1948)

베쏜이 어릴 적 가족 사진. 당시 3~4살이었던 베쏜이 말 위에 앉아 있다.

1900년 베쑨과 누나, 남동생이 함께 찍은 사진.
왼쪽이 헨리 노먼 베쑨,
가운데가 누나 제니 루이스 베쑨Jenny Lewis Bethune,
오른쪽이 남동생 맬컴 굿윈 베쑨Malcolm Goodwin Bethune이다.

1904~1905년 베쑨(오른쪽에서 두 번째)이 온타리오 주
오언 사운드 공립 고등학교Owen Sound Collegiate Institute에 다니던 시절
함께 축구를 하는 친구들과 찍은 사진

1904년 어머니가 베쑨 세 남매를 데리고 영국의 친척집을 방문했을 때의 사진이다.
오른쪽에서 두 번째가 베쑨이다.

1905년 무렵의 베쏜

군의관으로
참전

1909년 10월 베쑨은 토론토 대학 의학과에 입학했다. 1911년 9월에는 학업을 중단하고 온타리오 주 슈피리어 호 북쪽에 있는 한 기숙학교에서 선생님이 되었다. 그 학교에서 벌목공으로 일하며 저녁에는 이민 노동자들에게 영어와 문화를 가르쳤다. 한때 《위니펙 트리뷴Winnipeg Tribune》지에서 기자로 일하기도 했다. 1912년 9월 그는 다시 토론토 대학으로 돌아와 학업을 계속했다.

1914년 7월 제1차 세계대전이 발발하자 베쑨은 그해 9월 8일 군대에 입대했다. 1915년 2월 영국에서 단기 훈련을 마친 그는 캐나다 전시구호단을 따라 프랑스 전선으로 건너가 부상자를 들것으로 실어 나르는 일을 했다. 4월 29일 벨기에 서북부의 이프레Ypres 전투에서 왼쪽 다리에 부상을 입고 입원했다.

1915년 11월 부상에서 회복되자 토론토 대학으로 돌아와 의학 공부를 계속했다. 1916년 12월 대학을 졸업하고 학사 학위를 취득했다. 1917년 봄 다시 입대한 그는 영국 황실 해군 소속으로 런던 채텀Chatham병원에서 상위上尉(중위와 대위 사이의 계급. 옮긴이) 군의관으로 복무하다가 나중에는 군함 HMS페가수스 Pegasus 호의 의사로 근무했다. 1919년 2월 전역한 후 런던 그레이트 오몬드 스트리트 아동병원Great Ormond Street Children's Hospital에서 외과 수련의로 근무
했으며 그해 가을에는 캐나다 온타리오 주로 돌아와 스트랫퍼드Stratford와 잉
거솔Ingersoll 등에서 의사로 근무했다.

　1920년 2월 베쑨은 세 번째로 입대해 캐나다 공군에서 상위 군의관으로 복
무했다. 1920년 10월 전역한 후에는 다시 영국 런던의 그레이트 오몬드 스트리
트 아동병원으로 돌아가 외과 공부를 했다. 1922년 2월 3일 엄격한 시험에 통
과하여 영국 황실 외과학회 회원 자격을 취득했다.

1909년 10월 베쑨은 토론토 대학 의학과에 입학했다. 토론토 대학의 현재 모습이다.

1911년 가을과 겨울
베쑨(왼쪽에서 네 번째)이 슈피리어 호 근처에서
벌목공으로 일하던 시절

1914년 9월 처음 입대한 베쑨은 프랑스 전선에서 부상자를
들것에 실어 나르는 일을 했다.

1917년 봄 베쑨은 두 번째로 입대해 영국 황실
해군에서 복무했다.

Your affectionate brother
Nov 10/17.

1918년 베쑨은 영국 군함 HMS페가수스 호에서 상위
군의관으로 복무했다. 사진에 베쑨의 필체로
"노먼 베쑨과 친구. 1918년 1월 28일"이라고 쓰여 있다.

1915년 베쑨은 토론토 대학으로 돌아가 의학 공부를
계속했고 1916년 12월 졸업했다.

베쑨(뒷줄 오른쪽에서 두 번째)과 영국 런던 그레이트 오몬드 스트리트
아동병원의 동료들

베쑨이 근무했던 영국 런던의 그레이트 오몬드 스트리트 아동병원

1919년 가을 캐나다로 돌아간 베쑨은 스트랫퍼드와 잉거솔 등에서 의사로
근무했다.

le Compleat Aviatò

m Bethune

1920년 2월 세 번째로 입대한 베쑨은 캐나다 공군에서 상위
군의관으로 복무했다.

폐결핵과
투병 생활

1923년 8월 13일 베쑨은 영국 에든버러Edinburgh 출신 프란시스 캠벨 페니 Frances Campbell Penney와 결혼했다. 결혼 후 6개월 동안 두 사람은 스위스, 이탈리아, 프랑스, 오스트리아, 독일을 여행하고 각국에서 외과 명의들의 시범 수술을 참관했다. 1924년 초 캐나다로 돌아온 그는 미국 미네소타 주 로체스터 Rochester 메이오 클리닉Mayo Clinic에서 신경외과의 수련을 했으며, 1924년 가을 미국 미시건 주 디트로이트에서 정식으로 개업하고 환자를 진료하기 시작했다. 1926년에는 디트로이트 의과대학Detroit Medical College의 강사로 초빙되었다.

1926년 여름, 베쑨은 무서운 폐결핵에 걸려 1926년 12월 16일 미국 뉴욕 주의 트뤼도Trudeau 요양원에 입원했다. 그는 젊은 아내의 앞길을 막지 않기 위해 그녀와 고통스러운 이별을 선택했다.

그는 요양원에서 휴식 요법을 극구 거부하며 위험이 따르고 치료 효과도 불확실한 인공 기흉술을 받겠다고 고집했다. 다행히 인공 기흉술이 성공을 거두었고 그는 그때부터 폐결핵 감염 연구에 몰두하기 시작했다.

베쑨과 그의 아내 프란시스 캠벨 페니

프란시스 캠벨 페니

베쏜이 그린 아내 프란시스의 초상화

1920년대 초의 가족 사진. 의자에 앉아 있는 두 사람이 베쑨의 부모이고 뒷줄
오른쪽에서 첫 번째와 두 번째가 베쑨과 아내 프란시스다.

1926년 12월 베쑨(왼쪽에서 첫 번째)은 폐결핵으로 미국 뉴욕 주 트뤼도 요양원에 입원했다. 요양원에서
지내는 동안 미국인 의사 존 반웰John Barnwell(가운데)과 친구가 되었다.

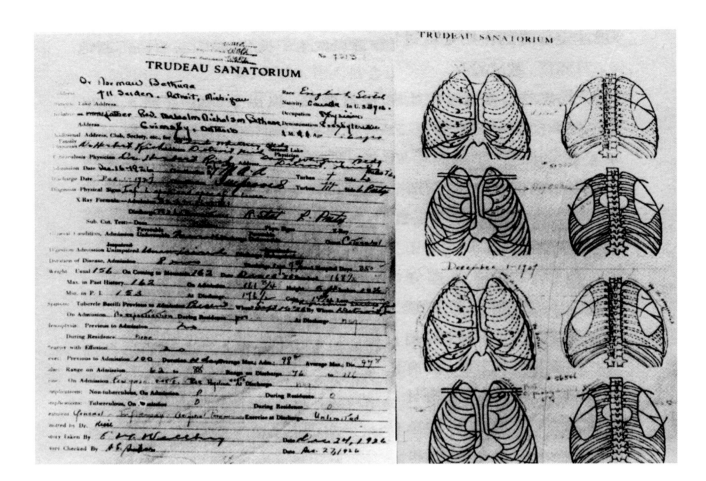

베쏜의 폐결핵 치료 기록

Tradeau N.Y.
Jan. 1. 1928.

1928년 1월 1일 베쑨(앞줄 왼쪽에서 두 번째)의 병이 완치된 뒤 미국 뉴욕 주 트뤼도 요양원에서 요양환자,
의료진들과 함께 찍은 사진

건강을 회복하고 퇴원한 뒤 자신의 아파트에서 찍은 사진

베쑨이 투병 기간에 그린 벽화 〈어느 폐결핵 환자의 투병 과정〉 중 일부

북미의
명의

1928년 4월 베쑨은 캐나다 몬트리올에 있는 로열 빅토리아 병원Royal Victoria Hospital으로 자리를 옮겨 저명한 외과의사인 에드워드 아치볼드Edward Archibald의 첫 어시스턴트가 되었고 그 후 로열 빅토리아 병원의 외과 주임이 되었다. 2년 후에는 산타아나Santa Ana 군인병원 참전용사 분원의 폐결핵 고문의사를 겸직했다. 이 기간 동안 베쑨은 외과 의료 도구 30여 종을 개조해 필라델피아 필링Philadephia Pilling사를 통해 제작하고 판매했다. 잘 알려진 '베쑨 늑골절단기'도 그중 하나다. 베쑨의 명성과 지위가 나날이 높아져 외부 진료나 강의 요청이 줄을 이었으며 그의 학술논문들이 유럽과 미국의 의학지에 실리고 맥길McGill 대학에도 그의 강의가 개설되었다. 1932년 5월 그는 미국 디트로이트 허먼 키퍼 병원Herman Kiefer Hospital의 흉부외과 책임자로 잠시 일했으며 같은 해 미국 흉부외과학회 예비 회원으로 선출되었다. 1933년 초에는 캐나다 몬트리올 사크레쾨르 병원Hopital du Sacré-Caeur de Montreal 흉부외과 주임으로 부임했다. 세인트 아가타 로렌스 황실 결핵 요양원St. Agatha Lawrence Royal Tuberculosis Sanatorium과 부인과 종합병원의 고문의사를 겸직했으며 나중에는 캐나다 연방 및 지방 정부 보건 당국의 고문이 되었다. 1935년 그는 미국 흉부외과학회 정식 회원으로 선출된 후 5인이사회의 이사가 되었다.

1928～1932년 캐나다 퀘벡 주 몬트리올의 로열
빅토리아 병원에서 근무하던 시절

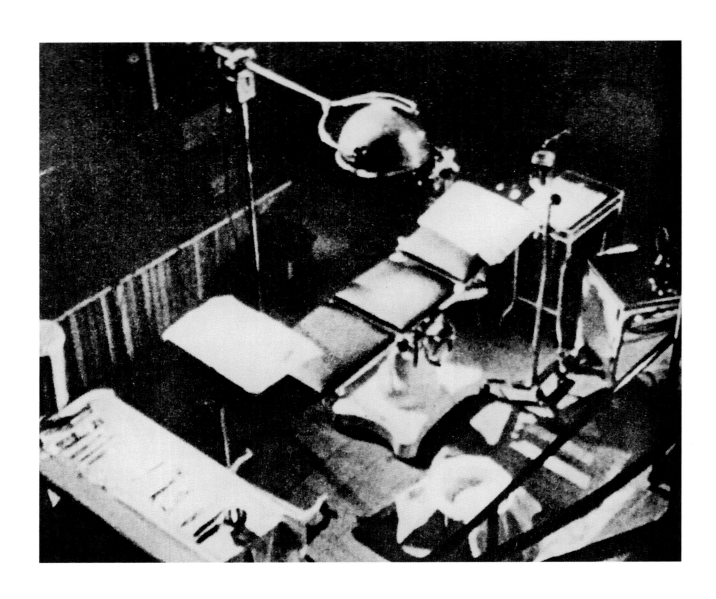

베쑨이 일했던 몬트리올 로열 빅토리아 병원의 수술실

수술을 집도하고 있는 베쑨

캐나다 퀘벡 주 몬트리올에 위치한 로열 빅토리아 병원의 전경

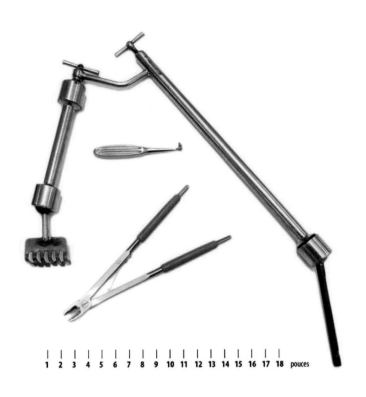

| | | | | | | | | | | | | | | | | | |
1 2 3 4 5 6 7 8 9 10 11 12 13 14 15 16 17 18 pouces

베쑨이 개조하거나 발명한 의료 도구들

"A Case of Chronic Thoracic Empyema Treated with Maggots." *Canadian Medical Association Journal (CMAJ)* 32 (March 1935): 301-2.

"Cotten-Seed Oil in Progressively Obliterative Artificial Pneumiohorax." *American Review of Tuberculosis* 26 (Dec. 1932): 763-70.

"Maggot and Allantoin Therapy in Tuberculosis and Non-tuberculous Suppurative Lesions of Lung and Pleura: Report of Eight Cases." *Journal of Thoracic Surgery (JTS)* 5 (Feb. 1936): 322-9.

"New Combined Aspirator and Artificial Pneumothorax Apparatus." *CMAJ* 20 (June 1929): 663.

"Note on Bacteriological Diagnosis of Spirochaetosis of Lungs." *CMAJ* 20 (April 1929): 265-8

"A Phrenicectomy Necklace." *American Review of Tuberculosis* 26 (Sept. 1932): 319-21.

"A Plea for Early Compression on Pulmonary Tuberculosis." *CMAJ* 27 (July 1932): 36-42.

"Pleural Poudrage: New Technique for Deliberate Production of Pleural Adhesions as Preliminary to Lobectomy." *JTS* 4 (Feb. 1935): 256-61

"Silver Clip Method of Preventing Haemorrhage While Severing Interpleural Adhesions, with Note on Transillumination." *JTS* 2 (Feb. 1933): 302-6.

"Some New Instruments for Injection of Lipidol: Oil-guns and Combined Cannula and Mirror." *CMAJ* 20 (March 1929): 286-8.

"Some New Thoracic Surgical Instruments." *CMAJ* 35 (Dec. 1936): 656-62

"Technique of Bronchography for General Practitioner." *CMAJ* 21 (Dec. 1929): 662-7.

(with) D. T. Smith and J. L. Wilson. "Etiology of Spontaneous Pulmonary Disease in the Albino Rat." *Journal of Bacteriology* 20 (Nov. 1930): 361-70.

(with) W. Moffat. "Experimental Pulmonary Aspergillosis with Aspergillus Niger: Superimposition of this Fungus on Primary Pulmonary Tubercuolsis." *JTS* 3 (Oct. 1933): 86-98.

베쑨이 발표한 학술논문 중 일부 목록

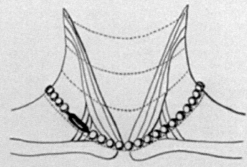

in the same hands, the transverse scar will show slight variations of position from patient to patient: here, a little too far out; here, a trifle

FIG. 1. DIAGRAMMATIC SKETCH OF PHRENICECTOMY NECKLACE IN POSITION
The lower end of the bar rests on the edge of the clavicular head of the sternomastoid muscle. The scalene muscle (not shown) should be felt below.

too low; here, a half-inch too high; and in others, a trifle too long. Now the ideal scar should run neither transversely nor vertically, but obliquely

베쏜은 1932년에 발표한 학술논문 〈횡경막 절제술 목걸이〉에서 할리우드 영화배우 르니 아도리Renee Adoree의 수술 과정을 서술하고 흉터를 가리는 방법까지 찾아냈다.

베쑨(오른쪽에서 첫 번째)과 그의 친구들

1933년 1월 베쑨은 몬트리올 사크레쾨르 병원의 흉부외과 주임으로 부임했다.
사진은 사크레쾨르 병원의 전경

중년의 노먼 베쑨

사랑과
신념의
결합

베쑨은 유명해진 후에도 변함없이 가난한 이들의 생활에 깊은 관심을 가졌다. 그는 몬트리올 캐나다 진보협회Canadian Progress Association의 강연회에서 결핵 치료에 대한 정부 지원의 필요성을 주장하고 몬트리올 교외에 진료소를 세우고 매주 토요일 가난한 환자들을 무료로 치료했다.

하지만 개인적인 봉사만으로는 사회의 현실을 바꿀 수 없었다. 그는 여러 곳을 다니며 당시 의료 제도의 문제점을 비판하고 의료계 동료들을 향해 가난한 환자들을 위해 봉사할 것을 호소했다. 그는 "의사들이 연합해서 의료인 단체를 조직하고 빈민가를 비롯해 가장 도움이 절실한 곳으로 찾아가야 한다"고 주장했다.

1935년 8월 베쑨은 소련 레닌그라드에서 열린 국제 생리학 회의에 참석했다. 그는 그곳에서 병원, 요양원, 부인 보건센터를 견학하고 소련이 폐결핵 예방 및 치료에서 높은 성과를 거두고 있음을 보았다. 그는 이 일을 계기로 의료 보건 분야에 있어서 정부의 막중한 책임을 인식했으며 이것이 그의 정치적 신념에 커다란 영향을 미쳤다.

베쑨은 캐나다로 돌아온 후 캐나다 공산당을 찾아가 퀘벡 주 공산당 조직의

활동에 참여했다.

1935년 10월 20일 베쑨은 몬트리올에서 열린 '소련의 벗Friends of the Soviet Union' 회의에서 소련 방문의 소감을 발표하고 소련의 의료 제도를 높이 평가했다.

1935년 11월 베쑨은 몬트리올에서 비밀리에 캐나다 공산당에 가입했다. 1936년 봄 그는 몬트리올 인민 건강 보호 협회Montreal Group for the Security of the People's Health를 설립하고 직접 회장으로 취임했다.

그 후 그는 여러 기회를 통해 사회 의료 보장 제도의 필요성을 주장했다. 1936년 2월 미국 테네시 주 멤피스Memphis에서 열린 미국 중남부 의학 회의에 참석해 마취술 관련 논문을 낭독할 때에도 사회 의료 보장 제도 구축의 필요성을 언급했고, 같은 해 4월 몬트리올 외과학회 주최로 열린 회의에서 '의료 사업에 있어서 사적인 이익의 배제'라는 주제로 연설을 하며 "의료가 '영리를 위해 모든 방법을 동원하는' 자본주의 체제의 대표적인 산업이 되었다. 이것은 흥미롭지만 불쾌한 현상이다. 한마디로 '의학은 발달하는데 사람들은 건강하지 못하다'"라고 말했다.

그는 "정부는 공중 보건을 가장 중요한 책무로 삼아야 한다. 이 문제를 해결할 수 있는 현실적인 해법은 바로 사회 의료 보장 제도의 시행이다. 사회 의료 보장이란 보건 의료가 우정국, 육군, 해군, 사법기관, 학교 등과 마찬가지로 공공사업이 된다는 것을 의미한다"고 말했다.

베쑨은 다재다능한 사람이었다. 그는 여가 시간을 이용해 틈틈이 그림을 그리고 글을 썼다. 그의 유화 작품인 〈수술실의 밤〉은 몬트리올에서 열린 미술전에 전시되었고, 1936년 여름에는 몬트리올에 있는 자신의 아파트에서 '아동 창의 예술 센터'를 열고 아이들에게 무료로 미술 이론을 가르치기도 했다.

1935년 11월 베쑨은 몬트리올에서 캐나다 공산당에 가입했다.

ANESTHETISTS HEAR DR. NORMAN BETHUNE

Surgeon Discusses New Method At Convention Here

Intravenous evipal anesthesia, developed in Germany five years ago, is the most pleasant anesthetic for thoracic surgery, Dr. Norman Bethune, chief surgeon of the Sacred Heart Hospital at Montreal, told the Mid-South Post Graduate Nurse Anesthetists' Assembly in convention session yesterday.

"The fast induction of the dissolved white crystals in the veins makes the anesthesia especially effective with fractures, dislocations, abdominal operations and amputations," he said. "If a patient begins to count when the anesthetic is being given, he will be asleep before he can count to 15 at a moderate speed."

The effects of the anesthesia wears off in a half hour, according to Dr. Bethune, and there is no masking, no struggling and no ill effects afterwards.

Other speakers on yesterday's program were Miss Emma Easterling, Vicksburg, Miss., who spoke on "Preparation of the Patient for Anesthesia"; Dr. Gilbert J. Thomas, Minneapolis, "Choice of Anesthetics in Surgery for Kidney and Prostatic Diseases"; Dr. Frederick A. Coller, Ann Harbor, Mich., "Water Losses by Surgical Patients in Relation to the Anesthetist"; Miss Blanche G. Petty, Little Rock, "The Patient's Viewpoint"; Dr. R. H. Jaffe, Chicago, "The Anemias with Special Reference to Their Significance in Anesthesia"; and Dr. C. R. Crutchfield, Nashville, "Spinal Anesthesia."

Mrs. Jennie Houser, chief anesthetist at the General Hospital, was named president of the Tennessee State Anesthetists' Association early last night to succeed Mrs. Louise Gilbertson, of Memphis. Mrs. Gertrude Alexander Troster, with the Crisler Clinic was elected vice president; and Jean O'Brien, of Campbell's Clinic, secretary-treasurer. The directors, all of Memphis, are Jewel Fink, Eleanor Burkhead, Irene Dixon, Pauline McClelland, Alice Little, Mrs. Lucy Gaffney, Bessie Caldwell and Grace Skinner.

Today's session will be featured by the election of officers of the Mid-South Assembly of Anesthetists, and addresses by Miss Grace Skinner, Memphis; Mrs. Gertrude Alexander Troster, Memphis; Miss Margaret A. Price, New Orleans; Dr. Claude S. Beck, Cleveland; and Dr. C. R. Straatsma, New York. Sessions are held at the Peabody.

UNPAID TAX STATUS

(Continued From Page One)

killed the authority by which the tax was impounded and hence released the grower from any tax which had accumulated.

"Frees It," Says Author

Senator Russell of Georgia,

Surgeon Startles Medical Assembly

Dr. Norman Bethune, the Montreal surgeon who startled the Mid-South Medical Assembly with his proposed socialized medicine, is shown on the left. Next to him, from left to right, are Dr. C. H. Sanford, Memphis, chairman of the program committee; Dr. C. R. Crutchfield, Nashville, incoming president, and Dr. H. King Wade, Hot Springs, retiring president.

SURGEON ADVOCATES

(Continued on Page Three)

operation because we have hundreds who can not pay anything. If medicine was socialized as it is in Russia, the doctors could be paid by a tax on everyone. They would receive salaries commensurate with their ability, as officers in the army and navy. True, we never would make much money, but persons should not enter the profession to get rich."

Dr. Bethune pleaded for a re-examination by medical men of their position under the present economic system.

Elementary Obligation

"There is little hope for a great improvement of the health of the people until the practice of medicine is liberated from its debasing aspects of private profit and taken as an elementary obligation of the state," he said.

He said that the government was "exploiting the medical profession by its non or reduced payments in taking care of the chronic unemployed or unemployable," and asked that the profession become more politically minded in realizing the inseparability of health and economic security.

"Let us abandon our so-called splendid scientific isolation and grasp the realities of the present social crisis. A change is coming and already the craft of Aesculapius is beginning to feel beneath it the great surge and movement of the

Ickes Refuses to Pose With Talmadge

SPRINGFIELD, Ill., Feb. 12.— Photographers seeking to make a picture of Secretary Ickes and Governor Talmadge shaking hands at Abraham Lincoln's tomb fared 50 per cent today.

Talmadge, critic of the New Deal, agreed to pose with the Roosevelt cabinet member, but Ickes replied emphatically:

"I will not."

only right in one out of three. He termed the tuberculin test as "old stuff."

"With a fluoroscope I can tell in 60 seconds whether a person has tuberculosis," he said. It is an X-ray device with which a physician can detect lung cavities without the necessity of a photograph.

Dr. Bethune admits that his scheme for fighting tuberculosis would require a large sum. "But think of the money being spent on the dole and many of those on relief have tuberculosis. The lower you go in the social scale the more tuberculosis you will find. The disease now is costing this country $300,000,000 a year."

Proposes a Clinic

For Memphis, he would have a clinic with equipment costing $13,500; $48,000 more a year for technicians' salaries and supplies; sanatoriums with 2,000 beds, $5,200,000; yearly cost for an estimated 2,600 patients, $1,778,500, plus $90,000 a year for their dependents. "At least

FOUR ESCAPE DEATH AS PLANE CRASHES

Desert Wind Forces Ship Down In New Mexico

ALBUQUERQUE, N. M., Feb. 12 —(AP)—A private cabin biplane caught in a stiff desert wind, was demolished today in a forced landing in which the four occupants were shaken and injured, one critically.

A veteran New Mexico flier said it was a "miracle" B. C. Skinner, owner and pilot, and his three companions were not killed. Buffeted by the wind over Enchanted Mesa 50 miles west of Albuquerque they landed at Acomita.

Miss Vivien Skinner, 22-year-old daughter of the pilot, Dunedin, Fla., manufacturing company official, suffered internal injuries and fractures. L. B. Keller, 34, employed by Skinner, and his niece, Miss Beatrice Keller, 22, and the pilot were badly shaken and bruised.

They were flown here by Maj. A. D. Smith, division superintendent of the Transcontinental and Western Air Line, after an emergency radio call from the Acomita field.

"We struck a bad squall over Acoma (famous 'sky city' of the Pueblo Indian tribe)," Skinner said.

1936년 2월 베쑨(왼쪽에서 첫 번째)은 미국 테네시 주 멤피스에서 강연을 하고 미국 중남부 의학회의에서도 사회 의료 보장 제도에 대한 견해를 밝혔다. 이 일이 멤피스의 지역 경제지 《커머셜 트리뷴Commercial Tribune》에 〈한 외과의사의 말이 의료계를 뒤흔들다〉라는 제목의 기사로 실렸다.

1936년 베쑨은 스페인 내전 참전을 위해 떠나기 며칠 전 토론토에 있는
화가 찰리 컨퓨스트Charley Conmfust의 작업실을 구경한 뒤 "부르주아로 태어나
공산주의자로 죽다"라는 묘비명을 남겼다.

몬트리올에 있던 베쑨의 아파트

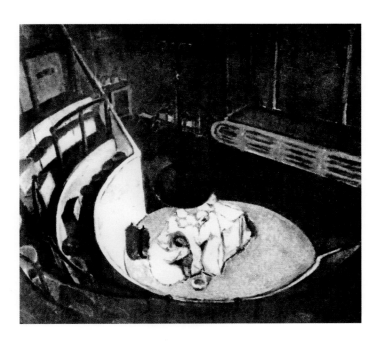

베쑨의 유화 작품 〈수술실의 밤〉이
1935년 몬트리올에서 열린 춘계
미술전에 전시되었다.

베쑨은 자신의 아파트에서 아동 창의 예술
센터를 열었다. 그에게 배운 아이들의 몇몇
작품이 파리에서 상을 받았다.

베쑨의 자화상

베쏜의 자화상. 1934년 작

마드리드
전선에서

1936년 7월 18일 스페인에서 프랑코 장군이 공화 정부에 반기를 들고 무장반란을 일으키자 독일과 이탈리아의 파시즘 정권이 그를 적극 지원했다. 이와 동시에 세계 54개국이 조직한 국제여단이 스페인 인민을 돕기 위해 참전했다. 10월 24일 베쑨을 대장으로 한 캐나다의 스페인 원조 의료대가 퀘벡에서 브리티시 엠프레스British Empress 호를 타고 대서양 너머 스페인 전선으로 출발했다.

전선에 도착해 보니 신속하게 수혈 받지 못해 의료 지원 캠프로 호송되는 도중 사망하는 부상자들이 많았다. 베쑨은 전선에서 혈액을 곧바로 공급할 수 있도록 이동 헌혈 봉사소를 세우기로 했다. 마침내 스페인 정부군 의무단의 지원을 받아 마드리드의 프린시페 데 베르가라Principe de Vergara 36번지에 캐나다 헌혈 봉사소가 세워졌다. 그 후 라디오, 신문 등을 통해 정부군을 위한 헌혈 봉사에 참여할 사람들을 모집하자 금세 수백 명이 찾아와 헌혈을 했다. 1936년 12월 하순 헌혈 봉사소에서 마드리드 인근 60여 개 병원에 혈액을 공급하기 시작했다.

마드리드 전선에서 전투가 가장 치열한 지역에서는 베쑨과 그의 조수가 직접 개조한 르노의 이동식 수혈차를 몰고 다니는 모습을 언제나 볼 수 있었고 매일 100여 명이 그들에게 수혈 받았다. 이 일은 일반적인 부상병 치료보다도 훨씬 의미 있는 일이었다.

　베쑨의 헌혈 봉사소는 전선 구호의 중요한 수단이었다. 비록 헌혈 봉사소가 전세를 역전시킬 수는 없었지만, 사람들은 베쑨이 스페인 인민의 반파시즘 투쟁에 크게 기여했음을 잊지 못할 것이다.

1936년 10월 베쑨은 스페인 내전에 참전하기 위해 캐나다 퀘벡에서
브리티시 엠프레스 호를 타고 대서양을 건넜다.

1936년 11월 베쑨(오른쪽에서 첫 번째)
일행이 스페인 마드리드에 도착했다.

스페인에서 캐나다 의무대장으로
활동할 당시의 베쑨

1936년 12월 12일 파리와 런던에서 의료 도구를 구입해 마드리드로
돌아온 베쑨(오른쪽)과 그의 전우 소렌센Sorensen

1936년 12월 중순 캐나다 헌혈 봉사소 설립을 기뻐하는 베쑨(오른쪽에서
첫 번째)과 전우들

이동식 수혈차 앞에서

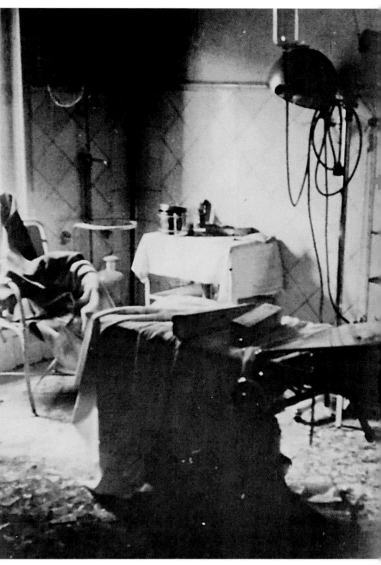

베쑨이 발명한 이동식 수혈차의 내부 모습

수혈차 옆에 선 베쑨(오른쪽에서 첫 번째)과 전우들

전선으로 떠나기 전 이동식 수혈차 옆에 모인 베쑨(오른쪽에서 네 번째)과 전우들

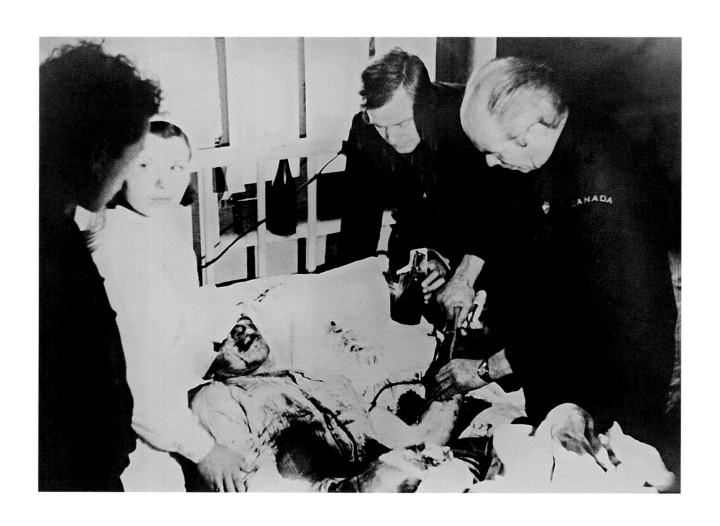

베쑨(오른쪽에서 첫 번째)은 마드리드, 바르셀로나, 알메리아, 말라가 등
여러 전선 사이를 오가며 부상자들에게 수혈을 했다.

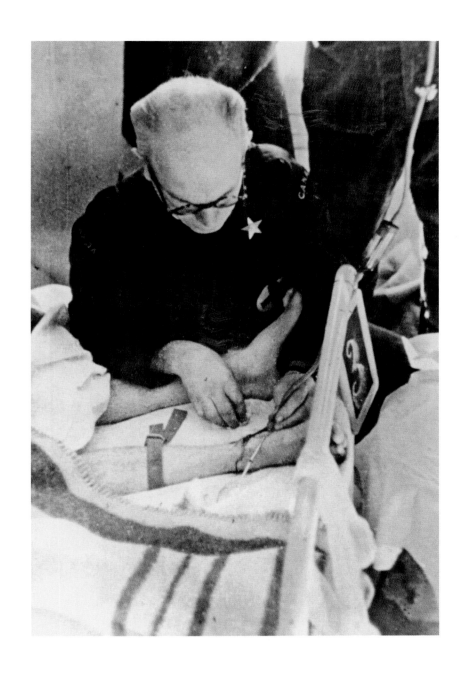

부상자에게 수혈을 해 주고 있는 베쑨

이야기를 나누고 있는 베쑨과 헌혈 봉사자

스페인 내전 참전 당시의 베쑨(왼쪽)과 전우

1937년 4월 스페인 과달라하라Guadalajara 전투 당시 베쑨은 부상자
치료를 위해 직접 차를 몰고 전선으로 가던 중 죽을 고비를 넘겼다.
이 사진은 위험을 벗어난 다음 날 찍은 것이다.   착륙한 독일 비행기 옆에서

베쑨(오른쪽 옆모습)과 스페인 국제여단의 전우들

스페인 전선의 병사들과 함께

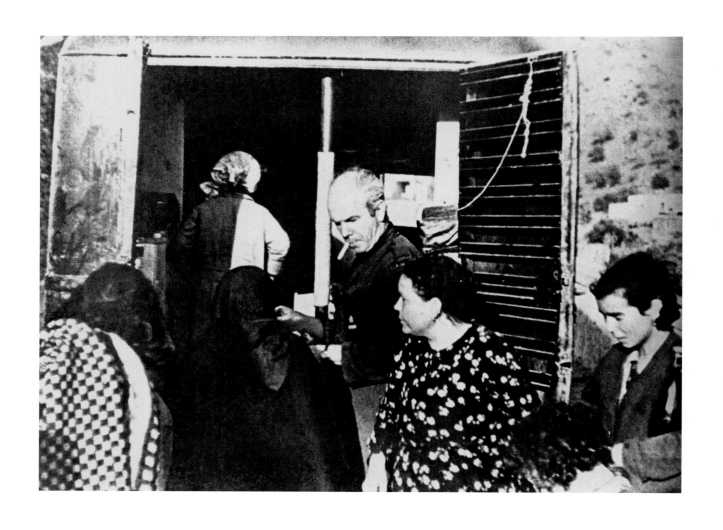

스페인 전선으로 향하던 중 피난민
운송을 도와주는 베쑨

참호를 통해 마드리드 도서관의 책들을 안전한 곳으로
옮기고 있는 베쑨(줄에서 세 번째)과 전우들

스페인에서 전우들과 식사를 하고 있는 베쑨(왼쪽에서 세 번째)

스페인 내전 참전 당시

스페인 내전 참전 당시

극동
지역의
전장으로

베쑨은 스페인 인민전선의 요청으로 마드리드를 떠나 북미 대륙으로 향했다. 1937년 6월 7일 뉴욕에 도착한 그는 미국과 캐나다의 여러 도시를 돌며 순회 연설회를 열어 스페인 내전 지원을 위한 모금을 호소했다. 그는 수혈 지원에 필요한 충분한 자금이 모이면 마드리드로 돌아갈 계획이었다. 그런데 7월 7일 일본 군대가 루거우차오蘆溝橋 사건(베이징北京 인근의 루거우차오 인근에서 훈련을 하던 일본군 한 명이 총성과 함께 행방불명되는 일이 발생하자 일본군이 이를 구실로 전략 요충지인 루거우차오를 공격해 점령한 사건으로 중일전쟁의 발단이 됨. 옮긴이)을 일으켰다. 이 소식을 들은 베쑨은 스페인보다 중국을 지원하는 일이 더 시급하다고 판단했다.

처음 베쑨에게 중국 지원을 요청한 사람은 중국의 교육가 타오싱즈陶行知였다. 1937년 7월 30일 타오싱즈는 미국 로스앤젤레스 의료국의 '스페인의 벗' 환영 연회에 참석했다가 베쑨을 만나 루거우차오 사건 이후 중국의 상황을 자세히 이야기했다. 베쑨은 그의 말을 듣고 조금의 망설임도 없이 "중국에 의료 지원이 필요하다면 제가 기꺼이 가겠습니다"라고 말했다. 그 후 베쑨은 자신의 생각을 캐나다 공산당 간부에게 전했고 캐나다 공산당과 미국 공산당은 베쑨이 이끄는 의료 지원대를 중국에 공동 파견하기로 합의했다. 베쑨은 뉴욕에 있는 중국 지원 위원회American China Aid Council를 직접 찾아가 중국으로 파견한 의료 지원대의 자금 문제를 논의하고 연설회를 열어 자금을 모았다. 얼마 후 거액의 자금이 확보되자 그는 의료 장비를 구입하고 의료 지원대에 참여할 사람들을 물색했다. 12월 말 베쑨과 미국계 외과의사 찰리 파슨스Charles Parsons, 중국어 구사가 가능한 캐나다 간호사 장 이완Jean Ewen으로 이루어진 캐나다-미국 중국 의료 지원대가 정식으로 출범했다. 그들은 구입한 물자를 캐나다 밴쿠버 항으로 운반해 중국으로 떠나기 위한 만반의 준비를 마쳤다.

1938년 1월 8일 베쑨과 의료 지원대 동료들은 밴쿠버에서 엠프레스 오브 아시아Empress of Asia 호를 타고 길을 떠났다.

1937년 5월 스페인에서 캐나다로 돌아온 베쑨. 스페인 민주주의
지원 캐나다 의료 위원회Canadian Medical Committee to Aid Spanish
Democracy의 정문 앞에서

1937년 6월 14일 베쑨은 토론토 국회의사당 앞 잔디밭에 모인 약 5천 명의 청중 앞에서 연설을 하며
스페인 지원금 모금을 호소했고 이 소식이 캐나다 신문에 보도되었다.

위니펙에서 열린 지원금 모금 연설회에서 베쑨은 자신의 정치적 신념을 밝히며
"내가 공산당원이라는 사실을 자랑스럽게 생각한다"고 말했다.

베쑨은 지원금 모금 연설회로 바쁜 와중에도 틈을 내어 온타리오 주 서드베리Sudbury에서 아이들과 함께
즐거운 시간을 보냈다.

지원금 모금 연설을 하러 다니던 시기 호숫가에서 잠시 휴식을 취하는 베쏜

1938년 1월 8일 베쑨은 중국 인민의 항일투쟁을 지원하기 위해
캐나다–미국 의료 지원단원들과 함께 엠프레스 오브 아시아 호를
타고 캐나다 밴쿠버를 떠나 중국으로 향했다. 앞줄 왼쪽부터 베쑨.
이완. 파슨스

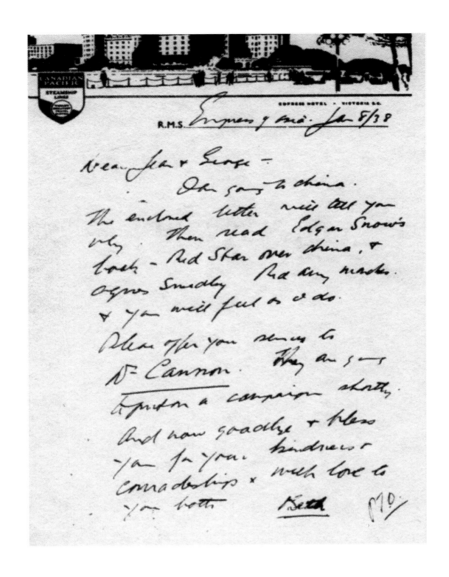

1월 8일 베쑨은 배 위에서 친구에게 보내는 편지에
"에드거 스노Edgar Snow의 《중국의 붉은 별Red Star Over China》과
아그네스 스메들리Agnes Smedley의 《홍군의 행진China's Red Army Marches》,
제임스 버트James Bertram의 《중국의 첫 번째 행동First Act in China》을 읽어 보게.
나는 지금 몹시 기쁘고 즐겁다네.
스페인에서 돌아온 후 지금만큼 기뻤던 적은 없었어!"라고 썼다

캐나다인 간호사 장 이완

옌안으로
북상

베쑨 일행은 1938년 1월 27일 홍콩에 도착했다. 당시 홍콩에 있던 쑹칭링宋慶齡 보위 중국동맹保衛中國同盟 주석이 베쑨이 머물고 있는 호텔에 찾아가 베쑨과 의료 지원대원들을 위해 연회를 베풀었다. 그 후 쑹칭링의 주선으로 베쑨은 우한武漢에 도착하자마자 곧장 팔로군 판사처辦事處로 갈 수 있게 되었다.

사흘 뒤 베쑨 일행은 비행기를 타고 우한에 도착해 루츠Lutz 주교의 집에서 머물렀다. 우한에 있던 중국 공산당 중앙군사위원회 부주석이자 남방국 책임자인 저우언라이周恩來가 소식을 듣자마자 베쑨을 찾아왔다. 베쑨은 중국 공산당이 이끄는 진차지 전선으로 가겠다고 자원했다. 옌안에서 진차지로 이동하는 것이 더 안전하기 때문에 저우언라이는 우선 옌안으로 갔다가 진차지 전선으로 갈 것을 건의하며 그들 일행을 도와줄 사람을 정해 주었다.

옌안으로 출발할 날짜를 기다리던 중 일본 공군이 우한에 대대적인 폭격을 가했다. 베쑨은 생명의 위험을 무릅쓰고 간호사 이완과 함께 한양漢陽 콜럼반Columban 수녀회 진료소(지금의 우한시 제5병원)에서 일주일간 일하며 100명 넘는 부상자들을 수술했다.

당시 일본 군대는 화베이華北(베이징, 허베이, 톈진天津, 네이멍구內蒙古 자치구에 걸친 중국 북부 지역의 총칭. 옮긴이) 지역에서 남하를 시도하고 있었고 철도를 따라 일본 전투기의 폭격이 빈번했다. 2월 22일 베쑨 일행은 저우언라이의 도움을 받아 기차를 타고 우한을 떠나 린펀臨汾으로 길을 돌아 옌안으로 가기로 했다.

북상 문제를 결정하는 과정에서 미국인 의사 파슨스와 베쑨 사이에 의견 충돌이 생겨 베쑨과 이완 두 사람만 무거운 물자들을 싣고 출발했다. 2월 26일 린펀에 도착했을 때 일본군이 마침 진난晉南(산시성 남부. 옮긴이)을 공격해 위험하고 급박한 상황이었다. 베쑨 일행은 2월 28일 팔로군 린펀 병참을 거쳐 마차로 갈아탄 뒤 계속 옌안으로 향했고 3월 7일 마침내 황허黃河를 건너 적의 추격에서 벗어날 수 있었다.

베쑨은 시안西安 팔로군 판사처에서 주더朱德 팔로군 총사령관을 만나 대화를 나누었고, 3월 말 트럭에 물자를 싣고 옌안에 도착했다.

이튿날 밤 IO시가 넘은 시각에 마오쩌둥이 옌안 펑황산鳳凰山 숙소에서 베쑨과 이완을 만났다.

그들은 스페인 내전, 중일전쟁의 장기화, 중일전쟁에서 공산당의 전략, 홍군 대장정(1934~1935년 중국 공산당 군대인 홍군이 국민당 군대와 싸우면서 5천 킬로미터를 행군 해 중국 동남부에서 서북부로 옮겨간 일. 옮긴이) 등 여러 주제에 대해 대화를 나누었으며 자정 무렵에야 악수를 하고 헤어졌다.

베쑨과 마오쩌둥의 우정은 그렇게 시작되었다. 베쑨은 마오쩌둥의 첫 인상을 일기에 이렇게 썼다.

"거인이다! 그는 이 세상에서 가장 위대한 인물 중 한 사람이다."

1938년 1월 30일 저우언라이 중국 공산당 중앙군사위원회 부주석이 팔로군 우한
판사처에서 베쑨을 만나, 그가 옌안으로 갈 수 있도록 협조해 주었다.
(그림 : 덩수鄧澍)

팔로군 우한 판사처 옛 터

베쑨 일행은 1938년 3월 22일 팔로군 시안 판사처에서 주더 팔로군 총사령관을 만난
뒤 트럭을 타고 옌안으로 이동했다.

(그림: 류보수劉勃舒)

팔로군 시안 판사처 옛 터

1938년 4월 초 마오쩌둥이 옌안 펑황산 숙소에서 베쑨을 만났다.
(그림: 쉬룽추許榮初, 자오다쥔趙大軍, 위안야오어袁耀鍔)

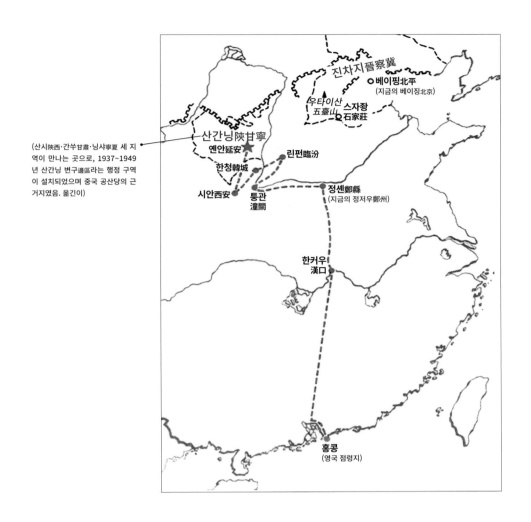

(산시陝西·간쑤甘肅·닝샤寧夏 세 지역이 만나는 곳으로, 1937~1949년 산간닝 변구邊區라는 행정 구역이 설치되었으며 중국 공산당의 근거지였음. 옮긴이)

진차지晉察冀

베이핑北平
(지금의 베이징北京)

우타이산五臺山
스자좡石家莊

산간닝陝甘寧

옌안延安
린펀臨汾

한청韓城

정셴鄭縣
(지금의 정저우鄭州)

시안西安
퉁관潼關

한커우漢口

홍콩
(영국 점령지)

옌안 펑황산 동굴집 앞에서 베쑨과 마오쩌둥
(그림: 위안야오어, 쉬룽추, 자오다쥔)

베쑨이 옌안으로 북상할 때의 이동 경로

1938년 4월 베쑨이 촬영한 마오쩌둥

마오쩌둥과 베쑨

옌안 둥먼東門 밖 교회 앞에서

옌안에서 항일 선전화를 그리고 있는 베쑨

근무병 허쯔신何自新과 베쑨

미군 관측관 칼슨Carlson 상위, 의사 브라운Brown과
함께(오른쪽에서 첫 번째가 베쑨)

진차지
전선으로

베쑨은 옌안에서 변구(중국 국경 지역에 있던 공산당 자치 군정 지구. 옮긴이) 정부와 학교, 도시 환경을 둘러보고 항일 군정대학, 옌안 공학원, 둥베이東北 간부 훈련단에서 연설했다. 그는 또 옌안 중앙병원을 시찰하고 부상자를 수술했으며 자신이 가지고 온 엑스레이 장비로 중앙 간부 및 근무 인력들을 검진했다. 이 기간 동안 그는 천윈陳雲, 천겅陳賡, 샤오진광蕭勁光 등 중국 공산당 고위급 장령들과 친분을 맺었다. 옌안의 의료진들은 그의 우수한 의료 기술에 감탄을 금치 못했고 베쑨도 옌안에서 깊은 인상을 받았다. 사람들은 그가 계속 옌안에 남아 주기를 바랐지만, 그는 "부상병들이 황허 너머의 진차지 전선에 있습니다. 저는 전쟁터에서 병사들과 함께 있어야 합니다"라고 단호하게 말했다.

5월 2일 베쑨은 의료대를 이끌고 옌안을 떠나 진차지 전선으로 향했다.

베쑨은 1938년 5월 14일 황허 서쪽 유역에 위치한 선무셴神木縣 허자촨賀家川 팔로군 120사단 후방 병원 제3소에 도착했다. 그는 그날부터 곧바로 진료를 시작해 사흘 연속 부상자를 수술했다.

그는 또 현지 상황에 맞추어 간이 수술실과 의료 도구를 만들고 의료진을 교육했으며 이 병원을 떠나기 전 자신의 옷 중 일부를 부상자들에게 나누어 주었다.

1938년 6월 7일 베쑨 일행은 황허를 건너 산시 성 란셴嵐縣 120사단 사단부 소재지에 도착해 사단장 허룽賀龍, 정치위원 관샹잉關向應, 부사단장 샤오커蕭克, 참모장 저우스디周士第의 뜨거운 환영을 받았다.

베쑨 일행은 1938년 6월 17일 퉁푸同蒲철도 봉쇄선에 도착한 뒤 후퉈허滹沱河를 건너 진차지 군구 사령부 주둔지인 우타이셴五臺縣 진강쿠춘金剛庫村에 도착했다. 사령관 녜룽전聶榮臻과 현지 군민들이 나와 그들을 뜨겁게 환영했다.

1938년 5월 2일 베쑨은 옌안을 출발해 진차지 전선으로 향했다.

팔로군 병사들과 황허 기슭에서

허자촨에 도착한 뒤 옌안에서 보낼 보고서를
작성하고 있는 베쑨

황허를 건너다
(그림: 쉬융許勇)

1938년 5월 산시 성 란셴에서 허룽 120사단장과 함께(왼쪽이 베쑨. 오른쪽이 브라운)

봉쇄선을 넘다

(그림: 둥천성董辰生)

1938년 6월 중순 베쑨은 진차지 사령부가 있는 산시 성 우타이셴
진강쿠춘에 도착해 군민들의 뜨거운 환영을 받았다.

1938년 6월 중순 베쑨이 산시 성 우타이셴 진강쿠춘에
위치한 진차지 사령부에 도착하자 네룽전 사령관(가운데)이
베쑨을 만나 그를 군구 위생부 고문으로 초빙했다.

"나를
기관총으로
삼으십시오"

6월 18일 오전 베쑨은 예칭산葉靑山 진차지 위생부장과 함께 진차지 후방 병원이 있는 우타이센 쑹옌커우춘松岩口村을 찾았다. 그는 "병원이 어디에 있습니까? 부상자들은 어디에 있습니까?"라고 급하게 물었다. 예칭산이 우선 휴식을 취한 후 부상자들을 보러 가자고 했지만 그는 단호한 어조로 "나는 일하러 온 것이지 쉬러 온 것이 아닙니다. 나를 골동품 취급하지 마십시오. 나를 기관총으로 삼으십시오"라고 말했다.

처음 일주일 동안 베쑨은 부상자 521명을 진료했고 그 후 한 달 동안 브라운 의사와 함께 부상자 147명을 수술했다. 부상자들이 약 60평방킬로미터 면적에 걸쳐 산간마을의 민가에 드문드문 흩어져 있었기 때문에 베쑨은 매일 산길을 최소 10킬로미터씩 걸어야 했다.

얼마 후 그는 허베이 성 서부에 있는 팔로군 병원들을 다니며 순회 진료를 했다. 그 기간 동안 3분구 연대장 주량젠朱良檢의 머리뼈 골절 수술을 하고 직접 간호했다.

마오쩌둥이 베쑨에게 매달 생활비로 100위안씩 지급하도록 허가했지만 베쑨은 극구 사양했다. 그는 "나는 중국 민족의 해방을 위해 중국에 왔습니다. 내가 돈을 받아서 무엇을 하겠습니까? 잘 먹고 좋은 옷을 입고 싶었다면 중국에 오지 않고 캐나다에 살았을 겁니다"라고 말했다.

베쑨은 네룽전이 선물한 백마를 타고 산시 성 동부와 허베이 성
서부의 산간 지역과 지중冀中 평원 곳곳을 돌아다녔다.

베쑨과 브라운이 함께 전선으로 향하다

베쑨은 진차지에 도착한 뒤 처음 일주일 동안
부상자 521명을 진료했다.

팔로군 의료진과 장병들 앞에서 연설을 하는 베쑨

만리장성 안팎에서 전투가 벌어지다

(그림: 야오즈화姚治華)

부상병을 진료하고 재활 훈련을 지도하고 있는 베쑨

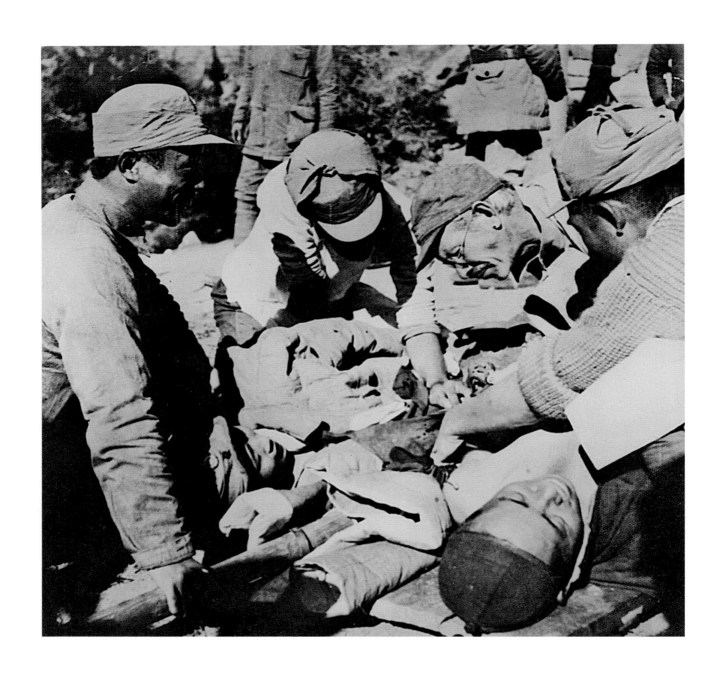

1938년 8월 베쑨은 산시 성 서부 지역을 순회 진료하며 부상자들을
치료하고 중상자를 위해 헌혈을 했다.

1938년 여름 베쑨과 브라운, 후방 의료 인력들

베쑨(왼쪽)과 브라운(오른쪽), 한슨Hanson

1938년 8월 6일 진차지 사령부에서 영국 친구 마이크
린Mike Lin(가운데)과 함께(오른쪽이 베쑨)

영국 친구 마이크 린(뒤)과 함께 후방 병원을 시찰하다(앞이 베쑨)

의사 베쑨의 순회 진료
(그림: 거펑런葛鵬仁)

민간인 진료(조각 : 쑤후이蘇暉, 스이時宜)

전선으로 돌아오다(조각 : 관징關竟, 위스쑹于世松)

모범
병원의
건립

변구의 의료 환경을 개선하고 의료 인력을 양성하기 위해 베쑨은 우타이셴 쑹엔커우춘에 시범 병원을 설립하는 방안을 건의했다.

네룽전과 마오쩌둥의 허가를 받은 뒤 작은 산골마을인 쑹엔커우에 활기가 넘치기 시작했다. 1938년 8월 1일부터 9월 5일까지 베쑨은 직접 설계하고 사람들을 조직하는 등 병원 설립을 위해 바쁘게 움직였다. 사령관 네룽전도 노동에 참여했다. 여러 사람들의 노력 끝에 5주 만에 공산당 근거지에서는 처음으로 정식 병원인 모범 병원이 설립되었다. 1938년 9월 15일 변구의 군민 2천여 명이 참석한 가운데 모범 병원 준공식이 열리고 그 자리에서 네룽전과 베쑨이 각각 축하 연설을 했다.

베쑨은 이렇게 말했다. "3만 리 밖 지구의 반대편에서 나 같은 사람이 여러분을 도우러 왔다는 사실을 이상하게 생각하지 마십시오. 여러분이든 우리든 모두 국제주의자입니다. 민족, 피부색, 언어, 국경, 그 어느 것도 우리를 갈라놓을 수 없습니다. 우리는 세계 평화를 위협하는 파시스트들을 무찔러야 합니다. 의사, 간호사, 요양사의 책임은 무엇일까요? 오직 하나입니다. 바로 환자들을 행복하게 하고 그들이 건강을 회복하고 힘을 되찾을 수 있도록 돕는 것입니다. 모든 환자를 형제와 아버지로 생각해야 합니다. 무슨 일을 하든 환자를 가장 우선에 두어야 합니다. 환자를 자신보다 더 중요하게 여기지 않는다면 의무대에서 일할 자격이 없습니다. 아니, 팔로군에 있을 자격도 없습니다."

　베쑨의 연설에 그 자리에 있던 군민 모두가 열렬한 박수갈채를 보냈다.

모범 병원을 설립하다

(그림: 야오즈화)

1938년 9월 15일 진차지 군구 모범 병원 준공식에서 연설하는 베쑨

모범 병원 의료진, 팔로군 장병들과 함께(오른쪽에서 세 번째가 베쑨)

쑹옌커우 모범 병원 옛 터

모범 병원 학생들 앞에서 시범 수술을 하고 있는 베쑨

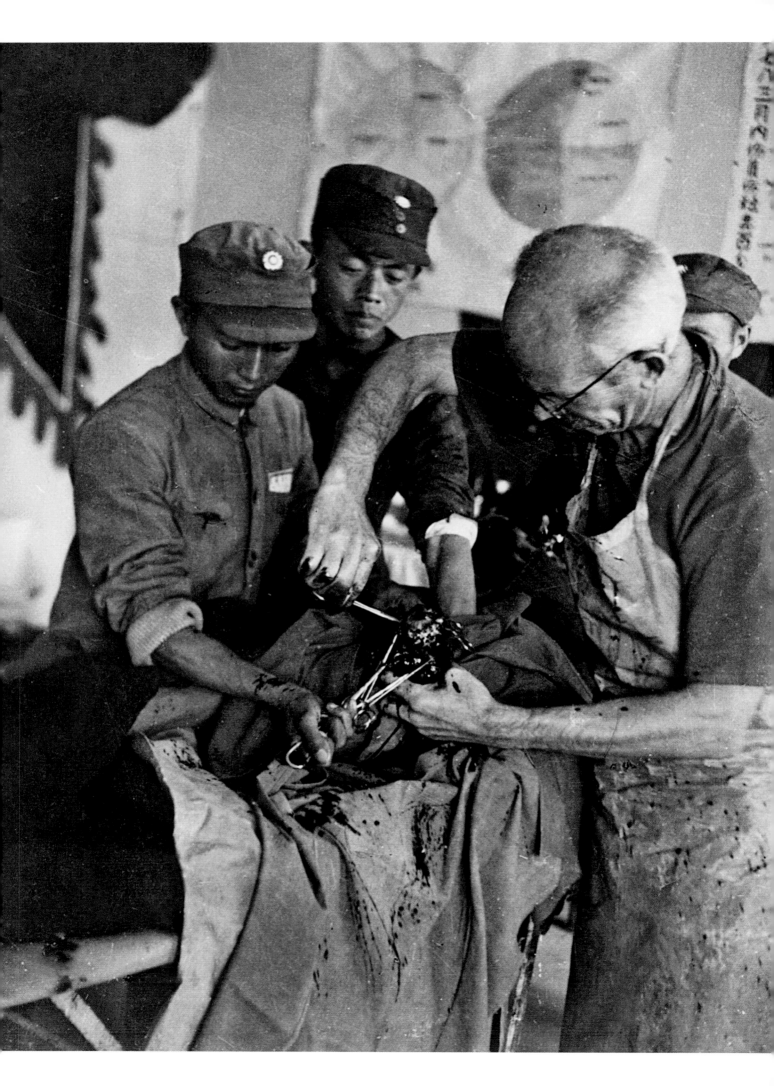

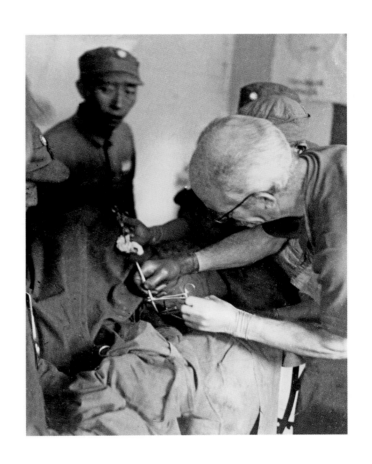

모범 병원 학생들 앞에서 시범 수술을
하고 있는 베쑨

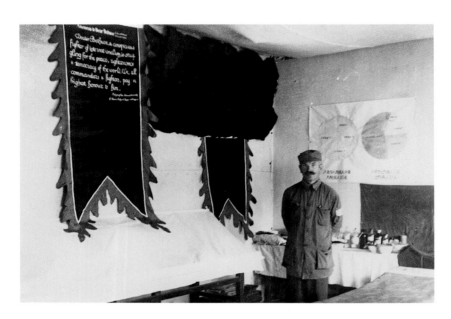

모범 병원 수술실에서

모범 병원 준공식 후 진차지 변구 간부들과

베쑨(오른쪽)과 녜룽전(가운데), 통역 둥웨첸董越千

최전선에서

1938년 9월 하순 일본군이 우타이산 일대에서 대대적인 소탕 작전을 벌여 막 준공된 모범 병원이 일본군에 의해 파괴되었다. 이 일을 계기로 베쑨은 게릴라 전투에서는 정식 병원을 세우는 것이 비현실적이라는 사실을 깨달았다.

1938년 9월 28일 베쑨은 의료대를 이끌고 핑산셴平山縣 훙쯔뎬洪子店 전투에 참여해 부상자 60여 명을 치료하고 수술했다.

1938년 11월 28일 새벽 베쑨은 120사단 359여단장 왕전王震으로부터 급한 전갈을 받았다. 산서 성 서북부 광링廣靈 도로의 매복전을 지원해 달라는 요청이었다. 베쑨은 곧장 의료대를 데리고 출발했다. 60여 킬로미터를 행군한 끝에 밤 11시경 359여단 사령부에 도착했다. 이튿날 베쑨은 의료대를 지휘해 전선에서 멀지 않은 한 작은 암자에 응급 진료소를 설치했다. 적군의 전투기가 수시로 폭격을 가하고 총성이 빗발치는 와중에도 베쑨은 40시간 넘게 꼬박 부상자들을 치료하며 71건의 수술을 했다.

12월 8일 베쑨은 광링 게릴라전의 부상자 치료 문제와 관련해 녜룽전에게 서신을 보내 각 여단마다 이동 의료대를 조직하고, '특종 외과 실습 주간'이라는 이름으로 연대 이하 부대의 의무병들을 모아 전선 응급 치료 훈련을 실시할 것을 건의했다. 녜룽전은 건의를 받자마자 곧바로 허가했다. 실습 주간 동안 베쑨은 직접 강의하고 시범을 보이고 실습 지도를 하며 전선 의무 인력들을 교육시켰다.

1938년 12월 말 베쑨은 산시 성 링추셴靈丘縣 양좡楊莊에 '특종 외과 병원'을 설립했다.

그는 또 헌혈을 독려하는 한편, 자신이 솔선수범해서 헌혈을 함으로써 진차지 군구 최초의 '민중 자원 헌혈대'를 조직했다. 베쑨은 이를 '인민 혈액 은행'이라고 불렀다.

베쑨 자신도 팔로군 부상자들을 위해 여러 차례 헌혈을 했다.

하급 부대 순회 진료를 하고 있는 베쑨

하급 부대 순회 진료를 하고 있는 베쑨   청진기 검사

1938년 11월 광링 유격전의 전시 응급 구호에 참여했을 때

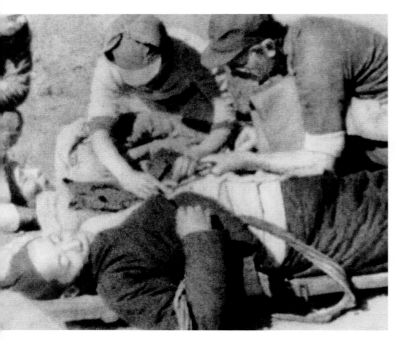

부상자 수술   부상자 드레싱

1938년 12월 왕전 359여단장과 함께

'특종 외과 실습 주간'에 참여한 팔로군 의무병과 함께

한밤중의 부상자 왕진

(그림: 가오차오高潮)

특종 외과 병원에서 부상자를 치료하다

(그림: 장쑹난張頌南)

특종 외과 실습 주간

(그림: 둥천성)

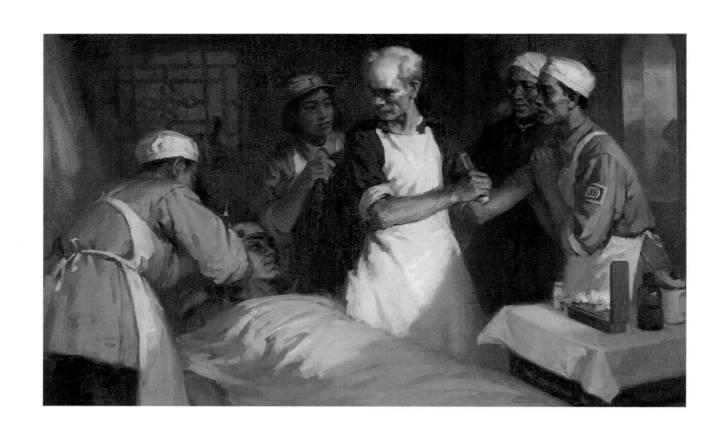

부상자 응급 치료를 위해 여러 차례나 직접 헌혈을 한 베쑨

(그림: 장밍지張明驥)

민중 자원 헌혈대

(그림: 저우쭤민周作民)

양장 특종 외과 병원 옛 터

허베이
반소탕
작전

1938년 겨울 일본군이 허베이 성 중부의 항일투쟁 근거지에서 사상 최대 규모의 소탕 작전을 감행했다.

허룽 사단장이 옌안의 명령을 받아 120사단의 한 부대를 이끌고 허베이 성 중부로 이동해 저항 작전에 참여했다. 120사단의 작전에 맞추어 베쑨도 의료대를 이끌고 탕셴唐縣 화타춘花塔村을 출발해 일본군이 빈틈없이 봉쇄하고 있는 핑한平漢 철도를 넘어 허베이 성으로 들어갔다. 베쑨은 의료대를 지휘해 허베이 성 중부에서 4개월간 부대를 따라다니며 뤼한呂漢, 다퇀딩大團丁, 치후이齊會, 쑹자좡宋家莊 등에서 전투에 참여했다. 750여 킬로미터를 이동하며 315차례 수술을 했다. 그중 치후이 전투는 꼬박 사흘 밤낮 동안 이어졌는데 베쑨은 전선에서 2~3킬로미터 떨어진 전선 수술실에서 69시간 동안 부상자 115명을 수술했다. 수술 성공률이 80퍼센트 이상이었다.

1939년 2월 베쑨이 의료대를 이끌고 전선으로 가서 부상자를
치료했다. 눈 위에서 잠시 휴식을 취하고 있는 베쑨

1939년 2월 중순부터 6월 중순까지
베쑨은 허베이 성 중부에서
약 750킬로미터를 행군하며
315차례 수술을 했다.

눈 쌓인 타이항산太行山을
누비며 부상자를 치료하다
(그림 : 리롄중李連仲)

212

의료대를 이끌고 허베이 성 중부에서
전선 응급 구호에 참여하다

(그림: 쉬융)

시간이 생명이다

(그림: 쉬융)

쓰궁춘四公村에서 구사일생으로 살아남다

(그림: 쉬융)

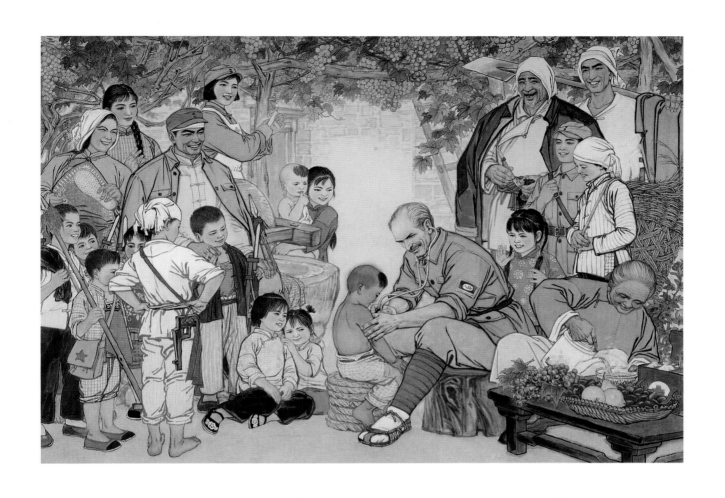

우리의 닥터 베쑨

(그림: 쉬융, 바이쑤란白素蘭)

봉쇄선 위에서 전우를 구하다

(그림: 쉬융, 왕이성王義勝)

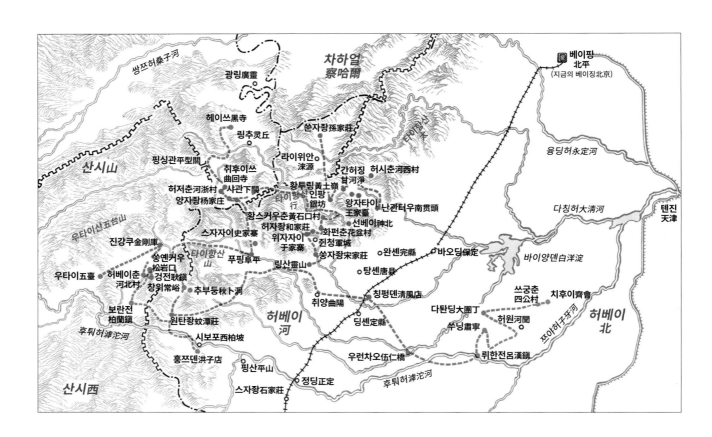

쌍쯔허桑子河
차하얼
察哈爾
베이핑
北平
(지금의 베이징北京)
광링廣靈
헤이쓰黑寺
쑨자좡孫家莊
융딩허永定河
링추灵丘
산시山
핑싱관平型關
라이위안
涞源
간허징
甘河淨
허시춘허西村
다칭허大清河
톈진
天津
취후이쓰
曲回寺
황투링黃土嶺
허저춘허浙村
샤관下關
타이항산
인팡
行 銀坊
난관터우南貫頭
양자좡杨家庄
우타이산五台山
황스커우춘黃石口村
허자좡和家莊
왕자타이
王家臺
선베이神北
위자자이
于家寨
화펀춘花盆村
진강쿠金剛庫
스자자이史家寨
쥔청軍城
완셴完縣
바오딩保定
바이양뎬白洋淀
허베이
북
쑹옌커우
松岩口
타이항산
쑹자좡宋家莊
쓰궁춘
四公村
치후이齊會
우타이五臺
허베이춘
河北村
경전鏡鎮
푸핑阜平
링산靈山
탕셴唐縣
창위常峪
추부둥秋卜洞
쯔야허子牙河
허베이
北
칭펑뎬淸風店
쏸딩肅寧
취양曲陽
다탄딩大團丁
보란전柏蘭鎮
원탄좡蚊潭莊
허원河聞
후퉈허滹沱河
딩셴定縣
우런차오伍仁橋
뤼한전呂漢鎮
시보포西柏坡
산시西
훙쯔뎬洪子店
핑산平山
정딩正定
후퉈허滹沱河
스자좡石家莊

항일 전선을 누빈 베쑨의 이동 경로

현지 조건에
따른
혁신

1939년 6월 하순 베쑨은 허자좡和家莊에서 요양을 하고 있었다. 당시 그는 고열과 통증에 시달리면서도 보름이 채 안 되는 기간에 《게릴라 전쟁 중 사단 야전 병원의 조직 및 기술*Organization and technology of division field hospitals in guerrilla war*》이라는 책을 써냈다. 책을 집필하기 시작한 지 얼마 되지 않아 그의 오른손 중지에 염증이 생겨 붓고 아파 타자를 치기가 불편했지만, 그는 환부를 절개해 고름을 빼낸 뒤 붕대로 감고 다시 타자기 앞에 앉았다. 얼마 지나지 않아 다리에도 염증이 생겼다. 약을 발라도 상태가 호전되지 않았지만 그는 또 환부를 절개해 고름을 빼낸 뒤 붕대로 감고 원고 집필을 계속했다.

진차지 변구에서 지낸 1년 남짓한 시간 동안 베쑨은 변구의 의료 현실에 맞추어 《전선 응급 치료 수칙》,《부상자 치료 기술》,《기초 부상 치료》,《전선 외과 조직 치료 방법 초안》,《소독의 13단계》등 20여 종의 의료 교재를 집필해 의료 인력 양성 및 변구의 의료 수준 향상에 중요한 역할을 했다. 베쑨은 게릴라전의 특수성에 맞춘 의료 구호 방법을 끊임없이 탐색하고 혁신했으며 현지 조건에 적합한 의료 도구들을 제작했다. 그중 비프Bipp 연고는 전투와 행군으로 장시간 드레싱을 하지 못하는 상황에서도 양호한 감염 억제 효과를 발휘했고, 당나귀 등짐처럼 생긴 약품 상자는 순회 진료와 전선 응급 구호의 상황에 맞추어 운반과 보관이 용이하도록 개조한 것이었다. 이 약품 상자는 다리처럼 생긴 모습 때문에 '루거우차오'라고 불렀다.

1939년 7월 허베이 성 탕센 허자좡和家莊에서. 앞줄 왼쪽에서 네
번째가 베쑨, 앞줄 왼쪽에서 세 번째가 녜룽전, 앞줄 왼쪽에서 다섯
번째가 쑨이孫毅다.

1939년 7월 무더위 속에서 《게릴라 전쟁 중 사단 야전 병원의 조직
및 기술》을 집필하는 베쑨

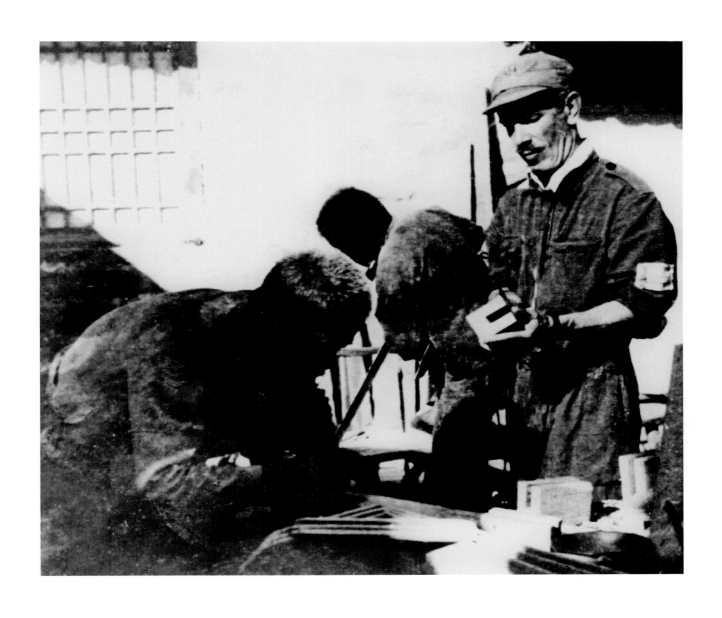

베쑨이 물자가 부족한 상황에서 직접 만든 간이 의료 도구

베쑨이 물자가 부족한 상황에서 직접 만든 간이 의료 도구

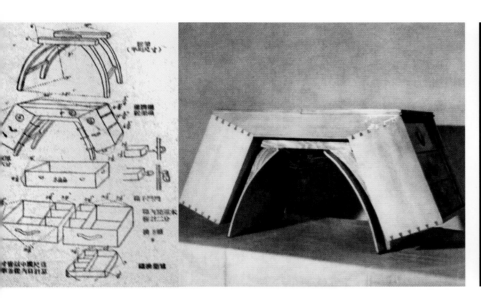

베쑨이 직접 설계하고 '루거우차오'라고 이름 붙인 약품 상자

베쑨이 쓴 의료 교재

직접 딴 앵두를 소녀에게 건네는 베쑨

고마운 팔로군

(그림: 탕무리湯沐黎)

계몽

(그림: 왕푸샹王福祥)

길을 떠나는 이동 병원

(그림: 진허더靳合德)

1939년 여름 탕셴의 강에서 수영을 하고 있는 베쑨

부상자 치료 후 휴식 시간에 일광욕하는 베쑨

보건 학교의
설립

베쑨은 팔로군 의료 인력 훈련을 매우 중요하게 여겼다. 1938년 그가 진차지 군구에 도착했을 때 현지의 의료 수준은 전쟁을 수행하기에 턱없이 부족했다. 의료 인력이 심각하게 부족하다는 점 외에 낙후된 의료 기술도 문제였다. 베쑨은 이 같은 상황을 개선하기 위해 학교를 세워 의료 인력을 양성할 것을 적극적으로 건의했다. 그는 친구에게 보내는 편지에서 "외국 의료대가 직접 부상자를 치료하는 것도 중요하지만 가장 중요하고 가치 있는 일은 의료 인력 훈련을 돕는 일"이라고 했다.

1938년 8월 13일 베쑨은 녜룽전 사령관에게 편지를 보내 의료 학교 설립에 관해 상세하게 설명했다. 그는 이 편지에서 "훈련 학교 설립 문제에 있어서 가장 먼저 해야 할 것은 그 시급성을 인식해야 하고, 두 번째는 학교 설립 계획을 수립해야 합니다. …… 학교 설립에 필요한 것은 첫째, 수준을 갖춘 교사, 둘째, 확실한 교육 계획, 셋째, 교재, 넷째, 실습할 수 있는 병원이나 병실입니다"라고 했다.

1939년 6월 20일 그는 의료 학교의 교육 방침과 교육 계획 초안을 완성했다.

베쑨은 교안 심의, 교재 편집, 학생 교육, 시범 수술 등 학교 설립 계획 전반에 열성적으로 참여했으며 현미경, 소형 엑스레이 장비, 캐나다에서 가지고 온 의학서적 등을 학교에 기증했다. 1939년 9월 18일 진차지 군구 위생 학교가 허베이 성 탕셴 뉴옌거우춘牛眼溝村에서 정식으로 설립되었다. 베쑨은 개학식에 참석해 충만한 열정을 담아 연설했다.

1939년 9월 18일 진차지 군구 의료 학교 개학식

진차지 군구 의료 학교 개학식에서 연설할 때

숭고한 이상

(그림: 쑨징보孫景波)

승리하고 돌아오다

(그림: 거펑런)

국제적인
지원
호소

베쑨은 중국에 도착한 후 줄곧 국제 사회에 중국의 항일전쟁 지원을 호소했다.

1938년 5월 23일 베쑨은 캐나다로 보내는 편지에서 "캐나다가 중국인들을 도와주어야 합니다. 그들은 중국과 아시아 해방을 위해 싸운 바 있습니다. ······ 캐나다가 중국 군대의 첫 이동 수술 부대에 대한 인력 지원 및 기타 필요한 지원들을 해야 합니다"라고 말했다. 또 미국인 친구에게 보내는 편지에서는 "우리가 그들에게 돈과 인력을 더 많이 지원해야 해. 기술자, 의사, 공공 의료 인력 등이 시급하게 필요해. 한마디로 기술적인 능력을 가진 모든 사람들이 필요하다네"라고 말했다. 그는 미국과 캐나다에 지속적으로 편지를 보내 중국의 전쟁 상황과 현지의 어려움을 알리며 지원을 촉구했다.

베쑨은 또 다른 해외 친구들의 중국 지원도 독려했다. 1938년 8월 베쑨은 취양셴曲陽縣에서 선교 활동을 하고 있던 뉴질랜드 여자 목사 캐서린 홀Catherine Hall(중국 이름 허밍칭何明淸)을 만났다. 캐서린 홀은 베쑨의 권유로 자신의 특수한 신분을 이용해 팔로군에 필요한 약품과 의료 도구를 구입해 주고 베이징 셰허協和 병원과 교회 병원의 의료 인력이 팔로군에 참여할 수 있도록 도와주었다. 그

때 팔로군에 참여한 귀칭란郭慶蘭은 훗날 인도의 국제주의 전사 드와르카나드 코트니스Dwarkanath Kotnis와 결혼했다.

　베쑨은 또 소설 〈터지지 않은 폭탄〉과 에세이 〈상처〉를 통해 예리한 필치로 일본 군국주의자들의 악행을 고발했다. 이 두 작품은 1939년 각각 캐나다와 미국 잡지에 실렸다.

수많은 편지와 보고서, 소설, 에세이를 쓰는 데 사용한
에르메스 타자기

뉴질랜드 선교사 캐서린 홀은 베쑨의 권유로 자신의 특수한
신분을 이용해 팔로군에 필요한 의약품과 의료 도구를
구입해 주었으며 의료 인력이 팔로군에 참여할 수 있도록
도와주었다.

인도인 코트니스의 부인 궈칭란(1990년대에 촬영).
그녀는 캐서린 홀의 주선으로 팔로군에 참여했다.

말을 타고 부상자를 치료하러 가는 닥터 베쑨
(그림: 쉬융)

1939년 여름 탕셴 허자좡의 숙소 앞에서

진차지 사령부 초소에서 초소병과 함께

또
한 번의
순회 진료

1939년 8월 베쑨은 옌안과 진차지 간부들의 동의를 받아 팔로군의 자금 모금
및 의료 물자 구입을 위해 캐나다로 돌아가게 되었다. 베쑨은 귀국하기 전 부대
와 후방 병원을 돌며 의료 시찰 및 순회 진료를 하겠다는 뜻을 밝혔고, 간부의
허가를 받아 1939년 10월 5일 순회 의료단을 이끌고 각 부대와 후방 병원으로
떠났다.

순찰단을 이끌고 부대의 의료 상황을 시찰하고
순회 진료를 하는 베쑨

탕셴 라오구춘老姑村 요양소에서 퇴원을 앞둔
부상자를 검진하는 베쑨

───────

변구 주민들을 위한 순회 진료

자위대원과 함께

주둔지의 어느 민가 옥상에서

베쑨의
최후

1939년 10월 20일 일본군이 병력을 집중해 진차지 변구에 대해 대대적인 동계 소탕 작전을 감행했다. 이 소식이 전해지자 베쑨은 귀국을 잠정 연기하고 전투에 참여하기로 결정했다.

베쑨은 군구 간부의 허가를 받자마자 그날 밤 의료대를 이끌고 모텐링摩天嶺 전선으로 출발했다. 그는 전선에서 가까운 라이위안셴淶源縣 쑨자좡孫家莊 부근의 작은 암자에 수술소를 설치했다.

10월 29일, 북선에서 진격해 내려온 일본군이 쑨자좡에 집결하기 시작하자 의료대의 안전을 위해 사령부가 긴급 철수 명령을 내렸다. 예칭산 부장과 부대원들이 먼저 떠날 것을 권유했지만 베쑨은 떠나지 않고 주더스朱德士라는 마지막 부상자의 수술을 했다. 베쑨은 수술 도중 환자의 부러진 뼈에 왼손 중지를 찔렸지만 수술을 끝까지 마쳤다.

11월 1일, 오전 베쑨은 간허징甘河淨 후방 병원에 도착해 경부에 단독 및 봉소염이 생긴 부상자를 수술했다. 상황이 급박해 장갑을 끼지 못하고 수술을 하는 바람에 그의 왼손 상처 부위가 감염되고 말았다.

11월 2일, 200여 명을 진료했다.

11월 3일, 베쑨은 상처 부위를 감싸고 부상자 13명을 수술했다.

베쑨이 부상을 입었다는 소식을 들은 군구 간부가 베쑨을 곧장 후방 병원으로 이송해 치료하라고 명령했다.

11월 4일, 베쑨은 의료 시찰단 업무 보고서를 수정하고 말라리아 예방 및 치료에 관한 강의 요강을 작성했다.

11월 5일, 베쑨의 병세가 점점 악화되고 감염된 손가락이 심하게 부어올랐다.

11월 6일, 베쑨이 자신의 감염 부위를 직접 절개하고 고름을 빼냈다.

11월 7일, 베쑨은 오후 2시부터 비를 맞으며 행군한 뒤 밤늦게 야영지에 도착했다.

11월 8일, 39.6도 고열이 나는 상태로 왕자타이王家臺에 주둔하고 있는 모 연대 의무대에 도착했다. 베쑨은 전선에서 이송되어 온 부상자들 가운데 두부와 복부에 부상을 입은 환자들은 자신이 직접 진료하겠다고 했다.

11월 9일 오후, 베쑨의 열이 40도까지 오르고 오한과 구토가 시작되었다.

11월 10일, 후방 병원으로 이송하는 도중 몇 차례 구토를 했다.

11월 10일 오후 3시, 베쑨이 들것에 실려 탕셴 황스커우춘에 도착했다. 그날 밤 베쑨은 한 차례 의식을 잃었고 몸 상태가 극도로 악화되었다.

11월 11일 오전, 베쑨은 통역사 랑린朗林에게 편지를 보내 수술 부대를 조직해 전선으로 파견하도록 군구 간부에게 요청해 달라고 부탁했다.

베쑨의 병세가 심각하다는 소식에 근거지 군민들이 충격에 빠졌다. 군구 사령관은 군구에서 가장 우수한 의사인 린진량林金亮을 서둘러 보냈고 황스커우 주민들도 헌혈을 했다. 동원할 수 있는 방법을 모두 써 보았지만 베쑨의 병세는 계속 악화되기만 했다. 오후 4시 20분 베쑨은 혼신의 힘을 다해 일어나 앉아 네룽전 동지에게 보내는 편지를 썼다.

친애하는 네룽전 사령관님께

오늘 저의 예감이 나쁩니다. 아마도 영영 이별을 하게 될 것 같습니다. 팀 벅Tim Buck에게 편지를 보내 주시길 부탁드립니다. 주소는 캐나다 토론토 웰링턴Wellington가

10호입니다.

같은 내용의 편지를 국제 중국 지원 위원회와 캐나다 평화 민주 동맹에도 보내 주시기 바랍니다.

제가 이곳에서 행복했으며 저의 유일한 바람은 이곳을 위해 최대한 많은 일을 하는 것이었다고 그들에게 전해 주십시오.

그리고 얼 브라우더Earl Russell Browder(당시 미국 공산당 서기장. 옮긴이)에게도 일본 지휘도, 중국의 대감도(날이 넓고 큰 칼)와 함께 편지를 보내 제가 이곳에서 했던 일을 보고해 주십시오.

편지는 중국어로 써도 됩니다. 그들이 받아서 번역할 것입니다.

저의 모든 사진, 일기, 문서, 군구에서 찍은 영상 등도 모두 그곳으로 보내 팀 벅이 각자에게 나누어 주도록 해 주십시오. 그리고 그에게 영화 한 편이 곧 완성될 것이라고 알려 주십시오.

제 가죽 외투는 팀 벅에게 주고, 일본 담요는 존 에드몬스John Edmonds에게, 비행복은 야닉 애덤스Yannick Adams에게 주십시오. 그리고 또 다른 일본 담요는 팔라시

오스Palacios에게 주십시오.

……

작은 상자 안에 커다란 은반지가 있습니다(브라운 의사에게 받은 것입니다). 그 반지는 캐나다에 있는 마거리트Margaret에게 보내 주십시오. 팀 벅이 그녀의 주소를 알고 있습니다.

제가 한 번도 신지 않은 새 짚신은 필립 클라크Phillip Clark에게, 커다란 일장기는 릴리언Lillian에게 주십시오.

이 물건들은 모두 한 상자에 담아서 보내 주십시오.

린지Lindsey 선생에게 받은 18달러를 우편요금으로 써 주십시오. 튼튼한 상자에 넣고 가죽끈으로 잘 묶은 뒤에 만일에 대비해 노끈 세 줄로 다시 묶어 주십시오.

저의 이혼한 전처(몬트리올에 사는 프란시스 캠벨 페니 부인)에게 생활비를 지급해 줄 것을 국제 중국 지원 위원회에 부탁합니다. 일시금으로 지급해도 되고 정기적으로 나눠서 지급해도 괜찮습니다. 그녀에게 큰 책임이 있습니다. 돈이 없다고 그녀를 버릴 수는 없습니다. 그녀에게 내가 진심으로 미안하다고, 하지만 내가 무척 행복했었다고도 전해 주십시오.

저의 영원히 변치 않는 사랑을 팀 벅을 비롯해 캐나다와 미국의 모든 동지들에게 보냅니다!

행군용 침상 두 개는 사령관과 부인께 드립니다. 영국 구두 두 켤레도 사령관께 드립니다.

승마 장화와 승마 바지는 지중冀中(허베이 성 중부) 군구의 뤼 사령관에게 남기겠습니다.

허룽 장군에게도 기념으로 몇 가지를 남겨 주십시오.

……

예칭산 부장에게는 상자 두 개를, 여우성화游勝華 부부장에게는 수술 도구 여덟 개를 주십시오. 제 물품 중 린진량 의사는 열다섯 개, 의료 학교 장이전江一眞 교장은 두 개를 기념품으로 골라 가지게 하십시오.

타자기와 탄력 붕대는 랑린 동지에게, 손목시계와 모기장은 판潘 동지에게 주십시오.

음식 상자는 둥웨첸와 그의 아내, 아이들, 자매들에게 새해 선물로 주겠습니다!

문학 서적들도 그에게 주십시오.

의학 서적과 자명종은 의료 학교에 기증하겠습니다.

저의 근무병 샤오이핑邵一平과 취사병 장張씨에게 각각 담요 하나씩을 주고 샤오이핑에게는 일본 구두 한 켤레도 주십시오.

……

말라리아와 빈혈 환자 치료를 위해 매년 퀴닌 250파운드와 철분제 300파운드를 구입해야 합니다.

바오딩保定과 톈진에서는 약품을 구입하지 마십시오. 상하이上海나 홍콩보다 가격이 두 배로 비쌉니다.

제가 행복했으며 최대한 많은 도움이 되기만을 바랐다고 캐나다와 미국에 전해 주십시오.

……

지난 2년은 제 인생에서 가장 행복하고 의미 있는 시간이었습니다. 아쉬운 점이 있다면 조금 외로웠다는 것과 이곳의 동지들이 저와 많은 이야기를 나누지 않았다는 것입니다.

……

더 이상 쓸 수가 없습니다!

사령관님과 다른 수많은 친애하는 동지들에게 무한한 감사를 전합니다!

……

노먼 베쑨

1939년 11월 12일 새벽 5시 20분. 위대한 국제주의 전사이자 중국 인민의 위대한 친구 헨리 노먼 베쑨이 인생의 마지막 여정을 완수했다.

1939년 10월 24일 허베이 성 라이위안셴 쑨자좡 부근 암자에서
부상자를 수술할 때

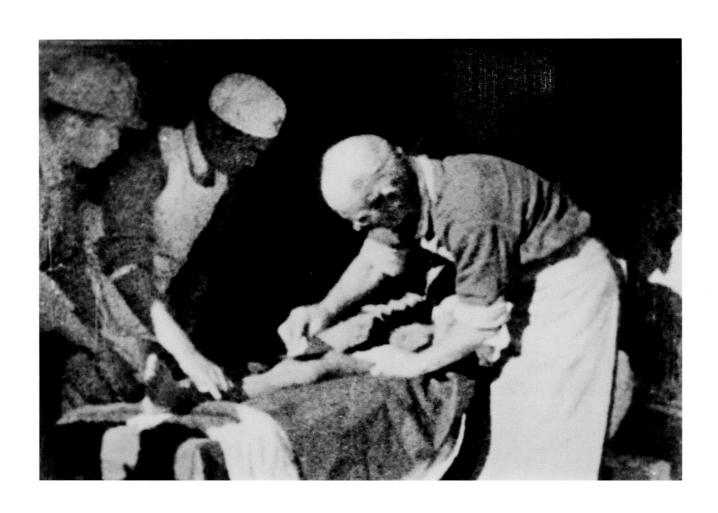

베쑨은 손가락이 감염된 뒤에도 수술을 멈추지 않았다.

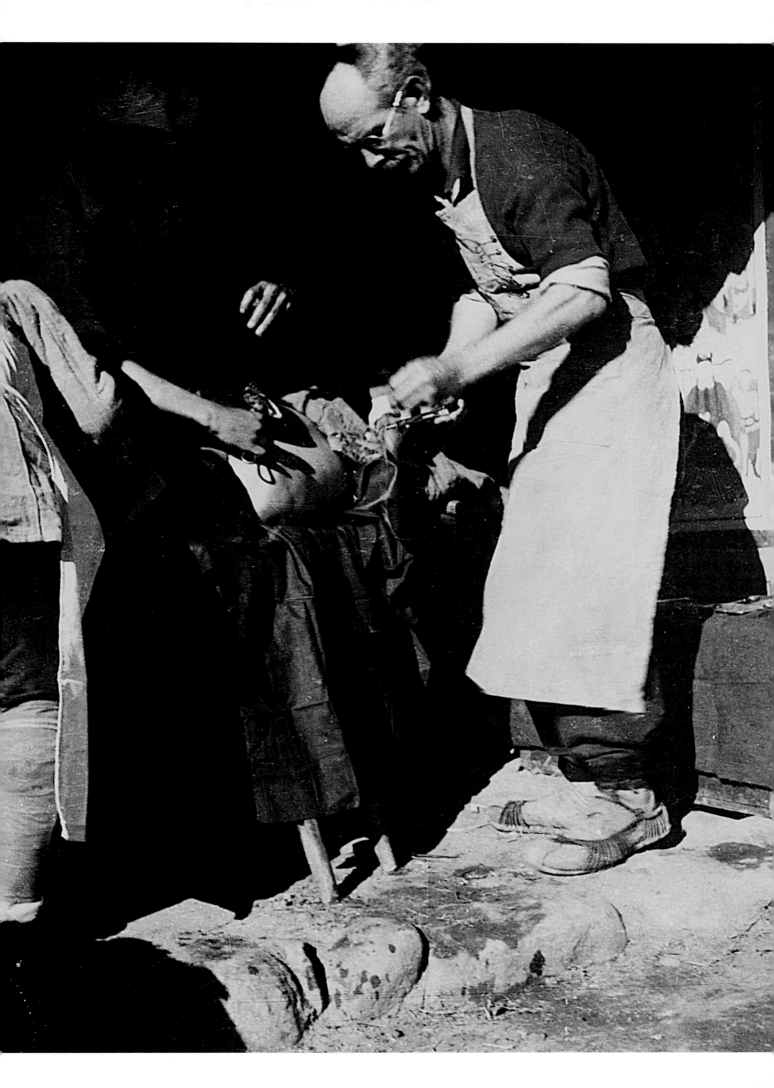

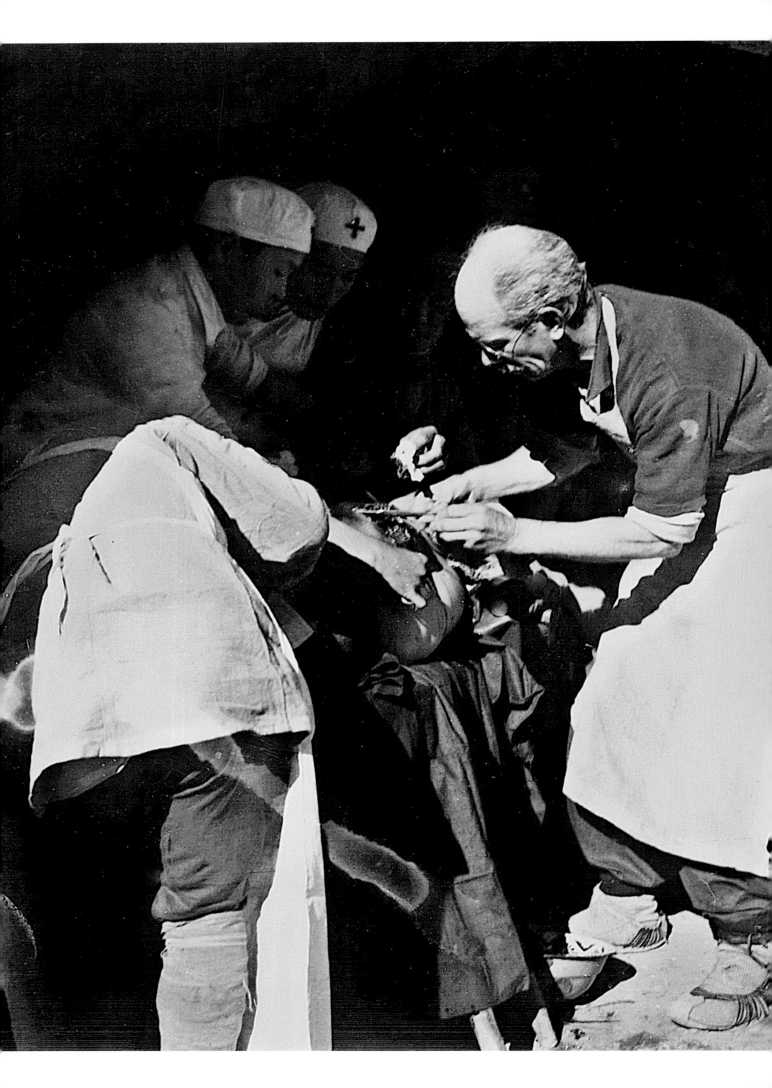

손가락이 감염된 뒤에도 수술하는 베쑨

손가락이 감염된 뒤에도 수술을 멈추지 않는 베쑨

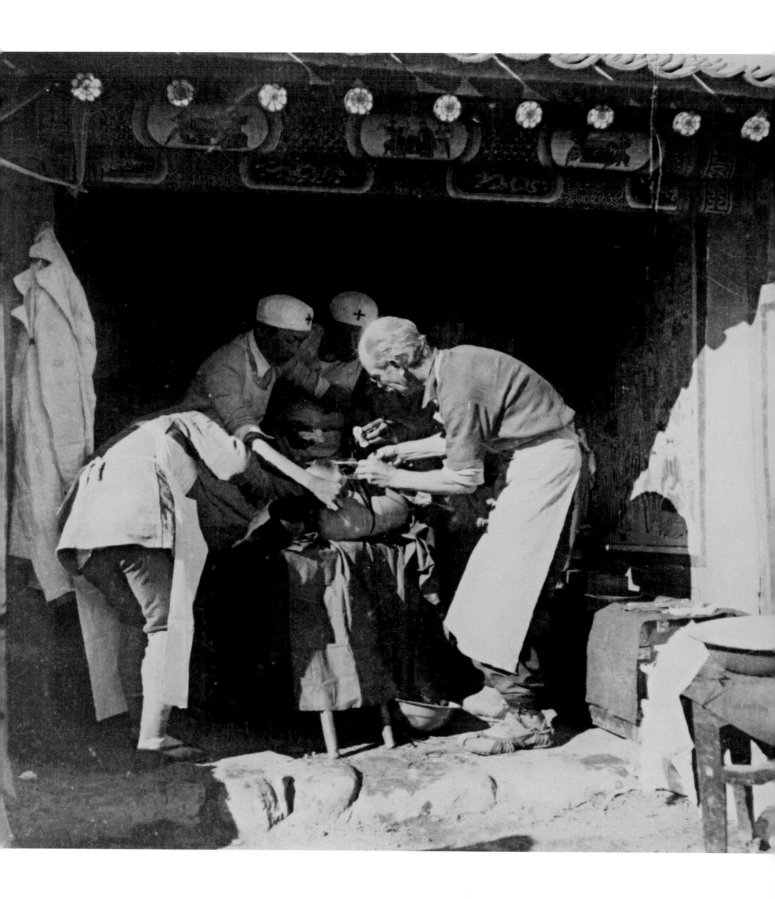

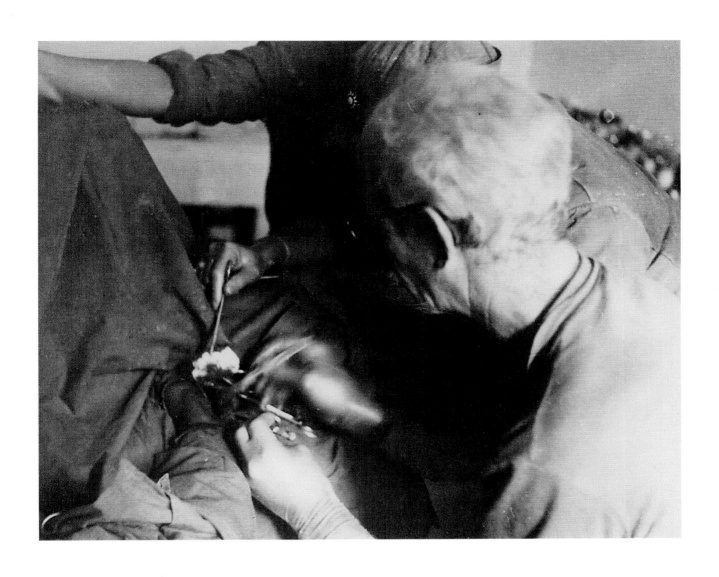

손가락이 감염된 뒤에도 수술을 멈추지 않는 베쑨

1939년 11월 5일 베쑨은 손가락이 심각하게 감염된 상황에서도
중상자 13명을 수술했다.

"내게 조금이라도 힘이 남아 있는 한 결코 전선을
떠나지 않을 것이다."
(그림: 왕원빈王文彬)

아픈 몸으로 부상자를 치료하는 베쑨

(그림: 쑨징보)

아픈 베쑨을 보러 온 사람들

(그림: 쑨징보)

아픈 베쑨을 보러 온 사람들

(그림: 리롄중)

생의 마지막 순간

(그림: 추사秋沙)

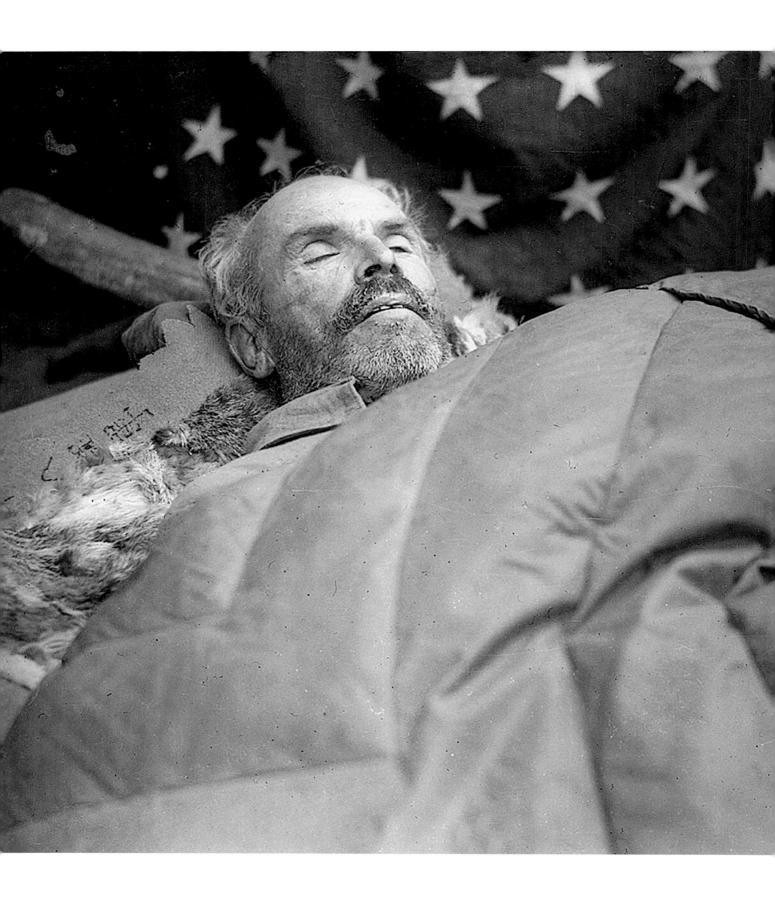

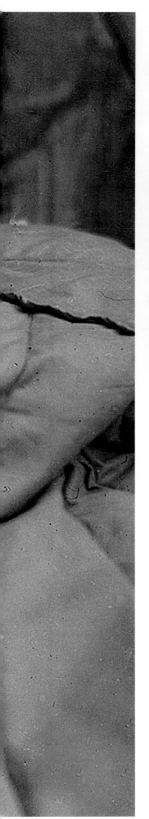

숨을 거둔 노먼 베쑨   베쑨이 세상을 떠난 곳. 허베이 성 탕셴 황스커우춘

베쑨이 숨을 거둔 집

베쑨이 사용했던 생활용품

베쑨이 사용했던 담요

베쑨이 사페이沙飛(베쑨의 사진사. 옮긴이)에게
남겨 준 사진기

베쑨이 사용했던 램프와 마등馬燈(행군 때
말에 걸어서 사용하는 등. 옮긴이)

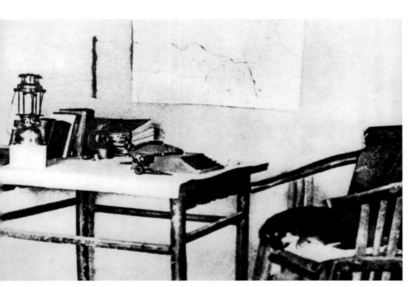

진차지 군구에서 일할 당시 베쑨이 사용했던
책상과 의자

베쑨이 사용했던 타자기

베쑨이 사용했던 혈압계, 주사기, 바늘함

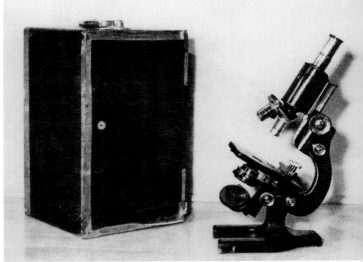

베쑨이 사용했던 현미경

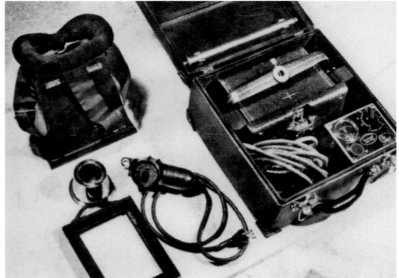

베쏜이 사용했던 엑스레이 장비

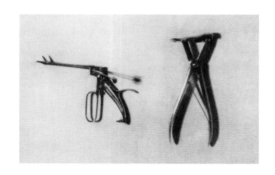

베쏜이 사용했던 늑골 절단기와 가위

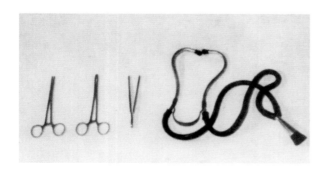

베쏜이 사용했던 청진기, 핀셋, 지혈 집게

베쑨을
영원히
기리다

1939년 11월 17일 진차지 군민 2천여 명이 참석한 가운데 탕셴 위자자이于家寨에서 베쑨의 장례식이 열렸다. 중국 공산당은 조전을 보내 베쑨의 가족들에게 위로를 전했다. 11월 23일 주더 팔로군 총사령관이 전군에 애도식을 거행하도록 명령했다. 12월 1일 옌안 각계에서 추도식이 열렸다.

마오쩌둥은 "베쑨 동지의 국제주의 정신과 희생정신, 책임감, 일에 대한 열정을 본받자"라는 친필 추모사를 썼다. 12월 21일 마오쩌둥은 또 〈베쑨을 본받다〉라는 글을 통해 공산당 및 홍군 전체가 베쑨을 본받아야 한다고 천명했다.

1940년 1월 5일 진차지 군민 1만여 명이 참석한 가운데 탕셴 쥔청軍城 난관南關에서 베쑨을 위한 추도식이 거행되었다. 녜룽전 사령관이 제문을 낭독하고 진차지 군구 의료 학교의 명칭을 베쑨 학교(지금의 지린吉林 대학 베쑨 의학부와 해방군 베쑨 의무 사관학교)로, 부속 병원의 명칭을 베쑨 병원(지금의 해방군 베쑨 국제 평화 병원)으로 변경한다고 선포했다.

1940년 2월 탕셴 쥔청 난관에 베쑨의 묘가 만들어졌다. 이 자리는 녜룽전이 직접 선정했다. 지난 76년 동안 중국 공산당과 중국 군민들은 위대한 친구를 잊지 않고 베쑨 기념일마다 다양한 기념 행사를 거행해 왔다. 이 밖에 캐나다, 스페인 등에서도 베쑨 기념 행사가 점점 많아지고 있다. 베쑨 정신이 중국을 넘어 세계로 전파되고 있는 것이다.

1939년 11월 17일 허베이 성 탕셴 위자자이춘에서 베쑨의
유해에 작별을 고하는 진차지 군구 녜룽전 사령관과
예칭산 부장

베쑨의 영정

베쑨 추모회

각계에서 전해진 추모사

베쏜의 장례식

베쑨의 묘와 사방에 새겨진 명문

베쑨의 묘에 헌화하는 녜룽전 사령관

베쑨의 묘에 헌화하는 인도인 친구 코트니스

베쑨을 기리기 위해 1940년 1월 5일 진차지 군구 의료 학교와
부속 병원의 명칭을 베쑨 학교와 베쑨 병원으로 변경했다. 탕셴
거궁춘葛公村에 있던 베쑨 학교와 베쑨 병원의 정문

베쑨 학교의 졸업장에 적혀 있는 네룽전 사령관의 친필 글씨

"풍부한 의학 지식과 높은 도덕을 가져야만 베쑨의 제자로 불릴 수 있다."

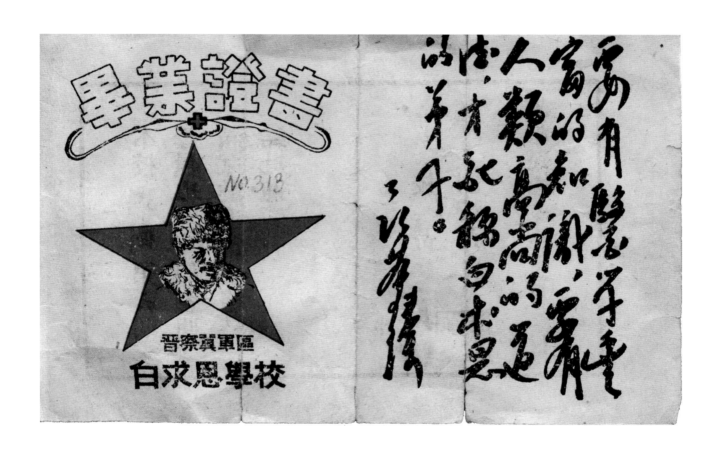

쑹칭링이 소중하게 보관했던
마오쩌둥의 저서 〈인민을 위해 복무하라〉,
〈베쑨을 기리며〉,
〈우공이산〉 합본(1967년 3월)

유명한 조각가 쓰투제司徒杰가 조각한 베쑨 동상.
베쑨의 묘 앞과 베쑨 국제 평화 병원, 지린 대학 베쑨
의학부, 캐나다 몬트리올의 베쑨 광장에 세워져 있다.

1953년 3월 15일 베쑨의 유골이 허베이 성 스자좡 시 화베이 군구 열사 묘지로
이장되었다.

─────

중국 인민 해방군 베쑨 국제 평화 병원은 베쑨을 본받아 국민의 건강을 위해 최선을
다하고 있다. 사진 속은 농촌 진료 봉사 모습.

중국 인민 해방군 베쑨 의무 사관학교는 베쑨 정신을 설립 정신이자 교육 방침으로 삼아 지금까지
지켜 오고 있다. 사진 속은 베쑨 동상 앞에서 열린 교육 행사

중국의 의료 종사자들은 베쑨과 같은 인격을 갖추고 베쑨처럼 열정적으로 일한다는 이념을
가지고 일하고 있다.

중국의 많은 초등학교에서도 '베쑨 중대' 행사를 열고 있다.

캐나다 몬트리올의 도심 광장에 중국 정부가 기증한 베쑨
동상이 세워져 있다. 1977년 몬트리올 시정부는 이 광장을
'베쑨 광장'이라고 명명했다.

요크 대학교 베쑨 칼리지. 1974년 1월 28일에 현재의
명칭으로 변경되었다. 캐나다 토론토에 있다.

2000년 8월 19일 에이드리엔 클라크슨 당시 캐나다 총독(앞줄 왼쪽에서 첫 번째)과
주캐나다 중국 대사 메이핑梅平(앞줄 오른쪽에서 첫 번째)이 그라벤허스트에서 열린
베쑨 동상 제막식에 참석해 축사를 했다.

2014년 5월 30일 에이드리엔 클라크슨 전 캐나다
총독(왼쪽에서 첫 번째)이 토론토 대학에서 열린 베쑨 동상
제막식에 참석했다.

1995년 5월 베이징 중국 인민 혁명 군사 박물관에서 열린
베쑨 전시회

2011년 12월 베이징 중국 인민 혁명 군사 박물관에서 열린 베쑨 서화전. 베쑨의 일생을 기리고 베쑨 정신을 널리 알리기 위한 서화 작품들이 전시되었다.

———

베이징 중국 인민 혁명 군사 박물관에서 열린 베쑨 서화전을 관람하고 있는 사람들

구이린桂林에서 열린 베쑨 전시회를 관람하고 있는
초등학생들

베쑨의 일생을 소개한 책들

1991년부터 중국 국가 위생부와 국가 인사부가 공동으로 '베쑨 훈장'을 수여하고 있으며 지금까지 46명이 영광스러운 훈장을 받았다.

중국의 첫 베쑨 훈장 수상자 자오쉐팡趙雪芳

2013년 중국 전국 위생 공작 회의에서 훈장을 받은
베쑨 훈장 수상자들

2009년 '중국의 인연·해외의 벗 10인' 선정 행사에서 베쑨이 1위로 당선되었다.

─────

2010년 11월 베쑨 정신을 본받고 널리 알리기 위해 베이징 인민 대회당에서 열린
베쑨 정신 심포지엄

2011년 6월 시안에서 열린 베쑨 정신 포럼

———

2013년 9월 29일 중국 국가민정부의 허가를 거쳐 설립된 국가급 베쑨 정신 연구회

2014년 10월 스자좡에서 열린 베쑨 서거 75주년 중국-캐나다 국제 포럼

————

2014년 11월 왕자밍汪家明 인민 미술 출판사 사장, 예셴린葉顯林 톈톈天天 출판사 편집장, 쑨무孫牧 중국 출판 그룹 외사협력부 부주임 등 중국 출판 그룹 대표 일행 5명이 오빈 기금회Centre Internationaliste Ryerson Fondation Aubin의 초청을 받아 캐나다에서 베쑨을 기리기 위해 열린 '평화의 사자' 기념 행사에 참석했다.

후기

2015년은 중일전쟁 및 제2차 세계대전 승리 70주년이다. 이 역사적인 승리를 기념하고 중국 인민 해방에 크게 이바지한 외국의 벗들을 기리기 위해 사진집 《Norman Bethune》을 출간했다. 이 사진집은 중국 공산당 선전부의 적극적인 지원을 받아 리옌 중국 출판 미디어 주식회사 부총재와 위안융린 중국 베쑨 정신 연구회 회장의 주도로 편집과 출간이 이루어졌으며 세부적인 진행은 리롱츠 중국 베쑨 정신 연구회 상무부회장 겸 비서장이 책임졌다. 이 밖에도 가오촨이高傳毅 중국 인민 해방군 베쑨 의무 사관학교 교원, 마궈칭 중국 베쑨 정신 연구회 부회장, 중국 미술 출판총사 화보 편집부의 허위린何玉麟 주임과 주웨이朱薇 부주임, 겅젠耿劍 편집자 등이 편집 기획, 디자인 등에 관해 수차례 연구하고 논의했다. 이 사진집의 편집은 2002년 장옌링張雁靈과 다이쉬광戴旭光이 편집한 사진집 《노먼 베쑨》을 기본으로 했으며 중국 인민 해방군 베쑨 의무 사관학교와 베쑨 국제 평화 병원의 적극적인 지원을 받았다. 귀한 자료와 사진을 제공해 준 캐나다 오빈 기금회와 빌 스미스 선생에게도 깊은 감사를 전한다. 이를 바탕으로 가오촨이가 사진의 기초 편집을 맡고 리롱츠가 원고 집필을 맡았으

며, 마궈칭이 사료 확인 및 교정을 진행했다. 영어와 프랑스어, 스페인어는 각
각 왕위자王雨佳, 쑤레이蘇蕾, 스빈빈史斌斌과 덩잉鄧穎이 맡았고, 중국 인민 해
방군 배쑨 의무 사관학교 위웨이궈于維國 정치부 주임과 치밍齊明 교수, 쑹징후
이宋敬輝 배쑨 국제 평화 병원 부원장, 옌위카이闇玉凱 배쑨 기념관장 등이 사료
대조 및 교정에 참여했다. 이 기간 동안 중국 배쑨 정신 연구회 리선칭李深淸 부
회장과 차이궈쥔蔡國軍 부비서장, 위생화보사衛生畫報社 왕웨이王偉 기자, 리옌
양栗彥陽 창즈長治 인민병원 판공실 주임 등으로부터 사진 자료 제공 등 여러 가
지 협조를 받았다. 아울러 이 사진집의 편집 및 출판에 각별한 관심과 지원을
아끼지 않았으며 직접 사진집의 서문을 써 주신 천주 전국 인민 대표 대회 상무
위원회 부위원장에게 특별한 감사를 전한다. 이 사진집이 탄생하기까지 지지와
관심을 보내 준 모든 친구들에게도 이 자리를 빌려 깊은 감사를 전한다.

편자
2015년 5월

Norman Bethune

이 책에 실린 모든 사진은 중국 베쑨 정신 연구회,
캐나다 오빈 기금회, 빌 스미스 선생이 제공했다.